그 사람의 인격은 그가 나누는 대화를 통해 알 수 있다.

- 메난드로스 -

친절한 말들은 짧고 말하기 쉽지만,
그 울림은 진정으로 끝이 없다.

- 마더 테레사 -

말이 입힌 상처는 칼이 입힌 상처보다 깊다.

- 모로코 속담 -

좋은 대화는 블랙커피처럼 활기를 주고
잠들기 힘들게 만든다.
- 앤 모로 린드버그 -

마음을 움직이는
따뜻한 대화법

마음을 움직이는 따뜻한 대화법

초판 1쇄 인쇄 · 2021년 9월 15일
초판 1쇄 발행 · 2021년 9월 23일

지은이 · 윤치영
펴낸이 · 이춘원
펴낸곳 · 책이있는마을
기 획 · 강영길
편 집 · 이지예
디자인 · 디자인 오투
마케팅 · 강영길

주 소 · 경기도 고양시 일산동구 무궁화로120번길 40-14(정발산동)
전 화 · (031) 911-8017
팩 스 · (031) 911-8018
이메일 · bookvillagekr@hanmail.net
등록일 · 2005년 4월 20일
등록번호 · 제2014-000024호

ISBN 978-89-5639-343-8 (03320)

따뜻한 말로 마음을 움직이는 공감 대화

마음을 움직이는
따뜻한 대화법

화술박사 **윤치영** 지음

소통과 공감 그리고 힐링

필자는 화술 전문가로서 항상 언어의 위력을 실감한다. 우리는 언어만으로도 정신적 건강은 물론, 육체적으로 막혀 있는 곳까지 뚫어 치유할 수 있는 힘이 있다는 것을 확신하고 있다. 다시 말하면 언어는 의사 소통의 수단, 그 이상의 역할을 한다.

NLP(신경언어 프로그램)의 차원에서 봤을 때, 언어는 생각을 만들고, 생각은 곧 마음을 만든다. 언어는 곧 마음의 구성 요소이다. 언어에 의해 만들어지는 생각은 신체, 면역 체계, 건강에 영향을 미친다. 또한 그 말대로 어떤 일이 실제로 이루어지기도 한다. 마치 말에는 어떤 예언의 효과가 있는 듯하다. 그래서 '말이 씨가 된다'고 한다.

어떤 사람들은 특정한 핵심 단어(또는 표현)를 계속적으로 사용한다. 안타까운 일이다. 그러한 특정 단어를 사용해서는 안 된다는 것은 아니다. 자기도 모르게 입에서 나오는 것이다. 가령 '죽겠다' '귀찮다' '하기 싫다'와 같은 부정적인 단어나 언어를 자주 쓰게 되면 그것이 문제가 될 수 있다는 얘기다.

왜냐하면 그렇게 말하는 순간, 실제로 몸 안에서는 그 언어에 상응하는 상태가 조성되고 몸의 컨디션이 그쪽 방향으로 흐를 수 있기 때문이다. 더욱이 그것은 무의식적으로 이루어지며 서서히 우리 몸을 침식한다. 결국 우리가 사용하는 말에도 힘이 있다는 것이다. 따라서 언어의 사용에 신중할 필요가 있다.

어떤 생각을 표현하는 창구가 말이며, 반대로 생각의 방향을 결정하는 것 또한 말이다. 긍정적으로 표현하는 습관을 들이기 위해서는 먼저 자신이 평소에 자연스럽게 사용하는 말을 관찰하는 것이 좋다. 혹시 부정적인 표현들이 많다면 그것을 긍정적인 표현으로 바꾸는 습관을 길들여야 한다. 언어 습관이 바뀌면 자기도 모르는 사이에 긍정적인 사고를 하게 되고, 그것은 마침내 긍정적인 결과를 가져온다.

틀림없이 말에는 힘이 있다. 말은 살아 움직이는 에너지다. 말은 실질적인 에너지로 각인력刻印力이 있다. 아메리카 인디언의 금언에 "당신이 생각하고 있는 것을 만 번 이상 반복하면 당신은 그런 사람이 되어간다"는 말이 있다. 우리가 말을 하면 그 말이 뇌를 지배하고 그 생각은 결국 행동을 결정하게 한다. 우리 속담처럼 말은 씨가 되는 것이다. 말은 견인력이 있어서 우리의 삶을 끌고 가는 것이다. 철학자 하이데거는 "언어는 존재의 집이다. 언어의 주택 속에서 인간은 산다"고 했다.

더욱더 중요한 것은 말의 치유력이다. 누군가 자신의 입장이 돼서 끝까지 자기 말을 들어주면 마음이 편안해진다. 또한 자신의 분노나 증오, 억울함 등을 토로하고 나면, 어느덧 자기 자신에게도 옳지 못한 점이 있었다는 것을 깨닫게 된다. 그와 함께 자책감, 죄책감, 자신의 결점, 수치, 실패 등 그 밖의 온갖 부정적인 감정들을 진솔하게 얘기한다. 이러한 진솔한 대화를 통한 공감이야말로 자기를 치유하는 힘이다.

그리하여 마음속에 쌓인 우울함, 불안함 따위가 해소되고 마음이 정화되고, 억압된 감정의 응어리를 행동이나 말을 통해 발산함으로써 정신적 균형이나 안정을 회복하게 된다.

흔히 말하는 트라우마trauma는 어떤 사건으로 인한 외상이나 정신적인 충격 때문에 사고 당시와 비슷한 상황이 되었을 때 불안해지는 것을 말한다. 심리학에서는 정신적 외상, 혹은 영구적인 장애를 남기는 충격을 말하며 선명한 시각적 이미지를 동반하는 경우가 많다. 이러한 트라우마를 치유하는 방법으로, 그 때 그 사건을 숨기지 말고 말함(자기 개방)으로써 치유받을 수 있다.

이처럼 말은 우리의 삶을 좌우한다고 할 수 있다. 더구나 현대인들에겐 변화무쌍한 현실과 불안한 미래로 말미암아 많은 스트레스와 집착하는 중독 증세를 보이고 있다. 그 때문에 소통과 힐링이 사회의 중요한 키워드로 떠오르고 있는 것이다.

국민 소통, 세대 간의 소통 등 요즘 가장 많이 쓰이는 단어 가운데 하나가 '소통'이다. 소통을 영어로 표현한다면 커뮤니케이션communication일 것이다. 이 단어는 '함께'라는 의미의 Comm과 '하나'라는 뜻을 가진 Uni가 합쳐져 만들어진 단어이다. '함께 하고 하나가 되자'는 뜻이다.

한자로 소통疏通은 '트일 소疏' '통할 통通'자이다. 탁 트인 마음으로 물이 흐르듯이 서로의 마음이 흐르도록 하자는 뜻이다. 그와 반대는 꽉 막혀서 아무것도 흐르지 않는 것이다. 마음을 닫으면 막혀서 흐를 수가 없다. 마음을 열고 자신의 정서가 다른 사람에게 흘러가 교감해야 한다. 그것이 소통의 진정한 뜻이다.

또한 소통이라는 말의 뜻 가운데는 '공감'이라는 것이 있다. 공감共感은 '함께 느낀다'는 말이다. 소통하는 것보다 더 중요한 것이 함께 느끼는 것이다. 다른 사람과 공감하려면 다른 사람의 입장에서 생각하고 느낄 수 있어야 한다. 애정과 관심을 갖고 느껴야만 공감할 수 있다.

우리가 살아가는 요소 가운데 하나가 '즐거움'이다. 희생과 봉사에도 즐거움과 보람이 있어야 한다. 즐거움은 어디서 오는 걸까? 즐거움을 주는 것은 많다. 본능적인 식욕, 성욕, 수면욕, 안전 희구는 물론이고, 스포츠, 음악, 독서, 영화, 수다, 취미생활 등 수많은 즐거움이 있을 수 있다. 대개 자신의 삶에 자극을 주는 것들이다. 그런데 때로는 부작용도 있다. 절제하지 않으면 탈이 나고 잘못되면 중독이 되어 헤어 나오지 못한다.

그렇다면 진정한 즐거움은 무엇일까? 그것은 사람과 사람사이의 관계에서 오는 소통의 즐거움이다. 물론 소통에도 좋은 소통, 남을 배려하는 소통이 즐거움을 준다. 공감하지 않는 소통은 가치가 없기 때문이다. 어떻게 소통하느냐보다 어떻게 공감하느냐가 더 중요하다. 하지만 남들과의 관계에서 공감은 그렇게 쉬운 것은 아니다. 소통은 관계지만 공감은 사랑이다. 사랑이 있어야 공감이 이루어진다. 소통과 공감이 이루어지는 말 그리고 스스로 내적 치유와 건강한 원상태로의 회복을 의미하는 '힐링'할 수 있는 말을 제시해 보고자 한다.

우리는 첫눈을 기다릴 때가 많다. 왜 그럴까? 누군가와 함께 그 첫눈을 맞고 싶어서이다. 누군가와 함께 할 수 있다는 것이야말로 행복이 아닐까? 아무리 아름다운 곳을 여행하더라도 사랑하는 사람과 함께 할 때, 그 즐거움이 한결 크고 행복하다. 일상의 작은 행복도 누군가와 공감할 수 있을 때 훨씬 크다. 이제 함께 공감할 수 있는 화술의 문으로 들어가 보자.

저자 윤치영

제4장 꿈과 감동을 주는 대화

제5장 말은 인생을 푸는 열쇠다

삶을 디자인하는 말

삶은 부메랑이다. 우리들의 생각, 말, 행동은 언젠가 틀림없이 되돌아온다. 그리고 정확하게 우리 자신을 그대로 명중시킨다. 말에는 창조의 힘이 숨어 있다. 원하는 것을 말하고 또 말하라

— 플로랑스 스코벨 쉰

왜 말이 중요한가

한선비가 과거 시험을 보기 위해 말을 타고 한양으로 가고 있었다. 그는 길에서 우연히 관상쟁이를 만났다. 과연 한양에 가서 일이 잘 풀릴지 궁금했던 선비는 그에게 자신의 관상을 봐달라고 부탁했다.

"저 당나귀가 방귀를 세 번 뀌면 당신은 죽을 것이오."

관상쟁이의 어처구니없는 말에 선비는 화를 내고 가던 길을 재촉했다. 하지만 관상쟁이의 말이 자꾸 마음에 걸리는 것이었다. 그래서 신경을 곤두세우고 가는데 말이 방귀를 뀌는 것이 아닌가. 그제야 덜컥 겁이 난 선비는 방귀를 막으려고 작은 돌멩이를 집어 당나귀의 항문을 막았다.

그런데 한참을 잘 걷던 당나귀가 두 번째 방귀를 뀌었다. 그 바람에 항문을 막고 있던 작은 돌멩이가 멀리 날아갔다. 선비는 자꾸 마음이 초조하고 불안해져서 제법 큰 돌멩이를 구해 당나귀의 항문을 단단히 막았다. 다행히 당나귀는 꽤 오랫동안 잘 걸었다. 그러자 선비는 안심을 하면서 돌멩이가 당나귀의 항문을 잘 막고 있는지 확인하려고 말에서 내려 뒤를 살폈다. 순간, 당나귀의 세 번째 방귀가 나왔고, 그 힘으로 큰 돌멩이가 튀어나오며 선비의 얼굴을 강타했다. 선비는 죽고 말았다.

글쎄? 그냥 가면 아무 일 없었을 텐데, 관상쟁이의 말 한 마디가 큰 화를 부른 것이다. 물론 옛날이야기겠지만, 우리 일상에서 말 한 마디가 화근이 되는 일은 얼마든지 일어날 수 있다. 새삼 말의 중요성을 깨닫게 한다.

말에는 4력四力, 즉 네 가지 힘이 있다. 각인력, 견인력, 성취력, 파괴력이 그것이다.

첫째, 머릿속에 새겨지는 각인력이다. 어느 뇌 과학자는 뇌 세포의 98%가 말의 지배를 받는다고 발표한 적이 있다. 어떤 사람이 매일 5분씩 다음과 같이 세 번을 외쳤다.

"나는 위대한 일을 할 수 있다. 나는 내부에 위대한 가능성을 간직하고 있다. 나는 아직도 발휘되지 않은 가능성을 간직하고 있다!"

이렇게 매일 되풀이해서 같은 말을 하다 보니 그는 가슴에서 솟아오르는 자신감과 열정을 갖게 되었다. 그리고 그는 위대한 일을 할 수 있는 사람이 되었다.

둘째, 잡아끄는 견인력이다. 말은 행동을 유발하는 힘을 가졌다. 말을 하면 뇌에 각인되고, 뇌는 척추를 지배하고, 척추는 행동을 지배하기 때문에, 내가 말하는 것이 뇌에 전달되어 내 행동을 이끌게 되는 것이다. '할 수 있다'고 말하면 할 수 있게 되고, '할 수 없다'고 말하면 할 수 없게 된다. 그래서 '언행일치言行一致'라는 말이 있지 않은가? 언제나 적극적이고 긍정적인 말을 해야 한다.

셋째는 무엇인가를 이루는 성취력이다.

어느 청년이 저명한 경영학자 노먼 빈센트 필 박사를 찾아왔다.

"박사님, 어떻게 하면 세일즈를 잘 할 수 있을까요?"

필 박사는 조그만 카드 한 장을 내어주며 청년에게 자기가 하는 말을 받아쓰도록 했다.

"나는 훌륭한 세일즈맨이다. 나는 세일즈 전문가다. 나는 모든 준비가 되어 있다. 나는 프로다. 나는 내가 만나는 고객을 나의 친구로 만든다. 나는 즉시 행동한다."

필 박사는 그 카드를 갖고 다니면서 주문을 외우듯이 되풀이해서 읽으라고 했다. 청년은 곧 실행에 옮겼고, 얼마 가지 않아 기적이 일어났다. 자신에 대한 긍정적인 말이 그 청년을 유능한 세일즈맨으로 바꿔 놓은 것이다.

넷째, 무엇인가 망가뜨리는 파괴력이다. 사실 우리는 자기도 모르게 부정적인 말을 자주 하고, 아무 생각 없이 말을 한다. 인생을 되는 대로 그럭저럭 살면서 '힘들다' '그만둬야겠다' '미치겠다' '적성에 안 맞는다'와 같은 부정적인 말을 하면서 스스로 자신의 인생을 시시하게 만들고 있다. 그러면서 자신의 인생을 스스로 파괴하는 것이다.

사람의 운명은 정해져 있는 것이 아니라, 무슨 말을 듣고 자랐으며, 무슨 말을 하며 살아가느냐에 달려 있다고 해도 틀리지 않다.

효과적으로 말을 선택하라

제2차 세계 대전 무렵 영국의 유명한 수상이었던 윈스턴 처칠은 영어를 전투적으로 표현하는 데 뛰어난 재능을 보였다고 한다. 그의 유명한 연설은 영국인들을 향해 위기를 '절호의 기회'로 만들자고 호소하며 영국인들의 용기를 끌어냈다. 그와 함께 자신의 군대를 천하무적이라고 믿었던 히틀러의 망상은 산산조각이 나고 말았다.

우리가 갖는 신념의 대부분은 말에 의해 형성되고 말에 의해 변하기도 한다. 인권운동가였던 마틴 루터 킹 목사는 자신의 간절한 염원을 담아,

"나에게는 꿈이 있습니다. 이 나라가 언젠가는 분연히 일어서서 그 신념의 참뜻을 살려 나갈 것이라는 꿈입니다!"

그 감동적인 연설은 듣는 사람들의 가슴을 흔들었다.

우리는 위대한 연설가들이 우리의 마음을 움직이는 데 사용했던 말의 힘이 역사에서 얼마나 큰 역할을 했는지 잘 알고 있다. 그러나 무한한 감동과 도전

의 용기, 스스로 행동하게 만드는 말의 힘을 제대로 알고 있는 사람은 흔치 않다.

말은 선택이 중요하다. 효과적으로 선택하면 많은 사람들의 강력한 감정을 불러일으키고, 말을 잘못 선택하면 순식간에 황폐해진다. 예를 들어, '일하기 싫다' '공부하기 싫다' 등 '~하기 싫다'나 '~가 마음에 들지 않는다'는 습관적인 말을 '~가 좋다' '~가 마음에 든다'라는 말과 비교해보라. 큰 차이를 느낄 것이다.

또한 정서적 함의를 지닌 말을 사용하면 자신과 다른 이들의 감정 상태를 마술처럼 변화시킬 수 있다. 예컨대, '나무랄 데 없다'보다 '잘했다'가 더 강렬한 느낌을 준다. 어휘력이 빈약한 사람은 감정적으로도 빈곤한 삶을 살아간다. 그 반면에 어휘력이 풍부한 사람은 감정도 풍부하고 그의 삶도 풍요롭다.

습관적으로 사용하는 말, 즉 삶의 감정을 묘사하기 위해 빈번하게 사용하는 말들 몇 마디만 바꿔도 사고 방식, 느끼는 방식, 심지어 살아가는 방식까지도 변화시킬 수 있다.

우리의 사고 방식은 두 가지로 나눠 볼 수 있다. 하나는 사물을 긍정적으로 보는 것이며, 또 하나는 부정적으로 보는 것이다. 전자를 PMA, 후자를 NMA라고 한다. PMA이란 Positive Mental Attitude의 약자이며 NMA는 Negative Mental Attitude의 약자로서 '부정적 사고 방식'NWT : Negative Way of Thinking으로도 불린다. 긍정적 사고 방식인 PMA는 성공 철학자인 나폴레옹 힐의 기본개념이다.

이 두 가지 사고 방식 가운데 어떤 견해를 취하느냐에 따라 인생의 성패 또는 사업의 성패에 큰 영향을 줄 수 있다. 인생은 자기 의사와 전혀 관계없이 흘러가기 때문에 철학에서는 '던져진 존재'geworfene dasein라고 한다. 인생은 자신의 의사로 어찌할 수 없지만, 인생을 긍정적으로 보고 열심히 살아가는 사람은 아름다운 삶을 살아갈 수 있고, 인생을 부정적으로 보는 사람은 대개 바람직하지 못한 삶을 살게 되는 것이 일반적이다.

* * * --

부정적인 감정에 지나치게 매달리지 말라

여기서 한 가지 강조하고 싶은 것은 자신의 부정적인 감정에 매달리거나 모든 일을 그러한 감정과 결부시키지 말라는 것이다. 같은 말이라도 당사자의 마음에 따라 느끼는 감정이 다르다. 이를테면 상대방이 "당신은 정말 멋있는 사람이오. 나는 당신을 좋아하오."라고 했을 때, 그 말을 듣는 당사자의 감정에는 차이가 있다는 얘기이다.

어떤 사람은 화를 내고 의심하며 분노의 감정을 느낀다. "나에게 아첨하고 있구만. 나한테 무엇인가 얻어내려는 것이 분명해."라고 생각한다. 또 어떤 사람은 슬픔이나 죄의식을 느낀다. "곧이곧대로 듣지 말자. 그는 지금 나를 위로하려는 것뿐이야. 진심으로 하는 말이 아니라고."라고 생각한다.

그러나 기분 좋게 받아들이면 "그는 나를 좋아하는구나. 정말 기분 좋은 일이야." 하며 기뻐할 것이다. 이처럼 칭찬 한 마디가 듣는 당사자의 감정과 사고 방식에 따라 차이가 큰 것이다.

물론 우리는 부정적인 감정들을 완전히 제거할 수는 없다. 모든 것을 긍정적인 감정으로만 받아들일 수는 없다. 때로는 부정적인 감정이 더 적절할 수도 있다. 그러나 부정적인 감정에 매달리지 말고 되도록 긍정적인 감정, 긍정적인 사고 방식을 가져야 한다는 것이다.

부정적인 감정 가운데서도 분노, 적개심과 같은 것은 자신을 말살하고 황폐화시키는 감정이다. 분노는 어떤 사람이나 대상을 향한 치열하면서도 일시적인 감정이다. 분노가 계속되고 강해지면 적개심으로 변한다. 그것은 결국 상대방에 대한 저항이나 반대, 반목으로 나타나게 된다. 적개심에 매달리기보다 용서하는 것은 바로 자신을 위한 행동이다. PMA를 가지고 열심히 사는 사람은 성공과 행복을 얻어 귀인이 되며, NMA를 가지고 매사에 비판적인 사람은 결국 천인賤人의 나락으로 떨어지기 쉽다.

-- ＊ ＊ ＊

한번 지나가면 다시 돌아오지 않는 것 세 가지가 있다.

잃어버린 기회, 시위를 떠난 화살, 입에서 나온 말이다. 그 가운데 가장 무서운 것이 무엇일까? 당연히 말이다. 말 한 마디를 잘못해서 평생을 불행하게 사는 사람들도 있다.

개구리가 뱀에게 잡아먹히는 것은 시끄러운 울음소리 때문이며, 꿩의 울음소리는 사냥꾼의 표적이 된다. 물고기는 입으로 낚인다. 사람의 잘못된 말은 재앙을 부른다. 정치인들을 보라. 진짜 한 마디 실수에 큰 재앙을 겪는다.

목소리가 큰 사람은 허풍과 과장이 많고, 애매하게 말하는 사람은 거짓말이 많다. 수다를 떠는 사람은 진실성이 부족하고, 과격하게 말하는 사람은 억지가 많다. 사랑의 말은 상처를 치유한다. 그러나 조심성 없는 말은 분쟁을 야기한다. 격려와 칭찬은 주변을 밝게 한다. 말은 곧 그 사람의 인격이다.

말은 나뭇잎과 같다. 나뭇잎이 무성한 나무는 열매가 적다. 또한 말은 돈과 같다. 과장된 말은 인플레와 같고, 약속을 실천하지 못하는 말은 부도 수표와 같으며 의도적인 거짓말은 위조지폐와 같다. 골즈워디라는 사람은 "인간의 눈은 그의 현재를 말하며, 입은 그가 앞으로 될 것을 말한다."고 했다.

성경의 잠언에는 지혜자도 사람의 입에서 나오는 열매로 인하여 배가 부르게 된다고 했다. 말에는 사람의 미래를 움직이는 힘이 있다. 따라서 긍정적인 말, 아름다운 말을 통해 자신의 미래를 긍정적으로 가꿔야 한다. 아울러 이웃에게도 좋은 영향을 주는 사람이 되어야 한다. 격려와 기쁨의 말은 사람들에게 용기와 행복을 주지만, 저주와 비난의 말은 한 사람의 신용과 명예를 한순간에 무너뜨리기도 한다.

말은 파동 에너지인 물의 역할과 같다. 70%가 물인 우리 몸을 움직이는 것은 말이다. 지금은 말을 가다듬고 고치고 가꾸어야 할 때이다. 부정적인 말을 긍정적으로 고쳐나가야 한다. 적극적인 말을 외치면 성격이 소심한 사람도 적극적인 성격이 될 수 있다. 좋은 말을 훈련하면 지혜가 생긴다. 지금 자신의 말씨가 미래의 내 모습이 된다는 것을 깨닫고 긍정적이고 낙천적이고 적극적인 말의 씨를 뿌려야 한다.

"좋습니다" "대단합니다" "환상적입니다" "끝내줍니다. 아주 잘 돌아갑니다" 얼마나 듣기 좋은가?

"태어날 때 알몸으로 왔다가 옷 한 벌 건졌잖소."하는 대중가요가 있다. 그러나 괜찮게 살면서도 상대적 빈곤으로 자신의 삶을 비참하게 여겨 크게 위축된다. 상대와의 비교는 끝이 없기 마련이다. 언제나 박탈감에 시달린다. 자신만의 절대성을 지혜롭게 체득하여 감사의 폭을 넓히는 것도 행복의 지름길이다. 늘 감사하는 마음, 감사하는 말을 하면 정말 행복해진다.

요즘 어떻게 사느냐고 누가 물으면, "묻지 마세요, 죽지 못해 삽니다." "죽을 지경입니다."라고 말해봤자 상대가 나를 행복하게 해주지 않는다. 오히려 그럴수록 더욱 불행하게 느껴질 따름이다. "아, 좋습니다." "요즘 즐겁습니다." "살만 합니다."라는 말을 자주 하다 보면 상황도 나아지고 행복감을 느낄 수 있다.

한 마디 말이 인생을 바꾼다

우 리는 한 마디 말에 큰 힘을 얻기도 하고 엄청난 상처를 받는다. 폭력은 힘이나 무기에 의한 억압일 뿐이지만, 언어의 폭력은 치유하기 힘든 상처를 남긴다.

50여 년 전 일이다. 경상북도 경주에서 만화가의 꿈을 키워가는 소년이 있었다. 그는 용돈이 조금 생기면 학교 뒷문 근처의 만화가게로 달려가 닥치는 대로 만화를 읽었다. 그러던 어느 날, 소년의 마음을 사로잡는 만화가 있었다. 주인공의 멋진 모습에 넋이 나간 소년은 주인아저씨 몰래 만화책 한 장을 찢었다. 그리고 집에서 수십 번씩 주인공의 모습을 만화로 그렸다.

처음에는 죄책감 때문에 만화가게 근처에는 얼씬도 하지 않았다. 그러다가 주인아저씨가 눈치를 채지 못한 것을 알고 다시 만화가게에 드나들기 시작하며 몰래 만화책을 찢었다. 만화 그리기 연습을 위해 한 장, 두 장 찢던 것을 대담하게 열 장 이상도 찢었다.

어느 날, 소년이 조심스럽게 만화책을 찢고 있을 때였다. 아저씨가 자신을 향해 천천히 다가오는 것이 아닌가. 소년은 두려움으로 눈을 꼭 감았다. 그런데 아저씨는 소년의 머리를 쓰다듬으며 말했다.

"네가 그 유명한 만화가 지망생이구나?"

소년의 눈에서 굵은 눈물이 흘러내렸다. 20여 년 뒤, 소년은 유명한 만화가가 되어 자신이 그린 인기 만화『공포의 외인구단』을 들고 어린 시절의 그 만화가게를 다시 찾았다. 하지만 그곳에는 이미 다른 가게가 들어서 있었다.

"그 시절 만화가게 주인아저씨가 아니었으면 오늘의 제가 있었을까요?"

그는 눈물을 글썽거렸다. 만화가 이현세 씨 이야기다. 언어는 소통이어야 하고, 소통의 말은 힘과 용기를 주는 것이어야 한다.

함부로 내뱉는 배우자의 말에 상처를 받은 분들의 얘기를 들어보면 '무슨 거지한테나 하는 말투로' '큰 죄인 다루듯이' 등등의 말이 나온다. 정작 상대가 하는 말의 내용보다 상대가 자신에게 전달하고 있는 말의 표현 방식, 직감적인 느낌에 더 분노하는 경우가 많다. 그처럼 상대의 말투에는 민감하면서 자기 자신의 말투를 생각하지 않는 경우가 많다. 자기 자신도 상대가 들으면 상처를 받을 만한 말과 말투를 쓰는 경우가 많다는 것도 알아야 한다.

소통을 통해서 사람들은 안정을 얻고, 기쁨을 얻을 수 있지만, 반대로 고통받고 슬픔을 느낄 수도 있다. 소통이란 자신의 솔직한 내면을 밝히고 상대와 더불어 살아가겠다는 다짐을 실천하는 것이다. 때로는 싸우기도 하고, 사랑하기도 하고, 미워하기도 하는 그런 실천이 소통이다. 이제 외부로 향했던 분노와 미움의 화살을 거두고, 멋지게 소통할 수 있는 자신의 솔직함과 마주해 보자.

말이 곧 비즈니스다

대부분의 사람들이 말은 단지 자신의 생각이나 지식을 다른 사람에게 전달하는 수단이라고 생각한다. 그러나 말은 정보 교환으로 시작해서 다른 사람과 자신의 의견을 섞어 최선의 결론을 도출하는 과정이다.

가장 흔히 쓰는 일상적인 말을 하면서도 요점을 분명히 전달하느냐, 못하느냐에 따라 성공과 실패가 뚜렷이 구분된다. 모든 대화 속에는 겉으로는 드러나지 않는 말하는 사람의 사상, 감정, 견해 등이 숨어 있다.

사람들은 자신의 견해를 상대에게 알려주고 자신의 생각을 더욱 확고히 하는 것이 스스로의 능력을 보여주는 것으로 알고 있다. 또한 다른 사람의 생각이 자기보다 합리적이라든가, 우수하다고 인정하는 것은 자신이 그보다 못하다는 것을 나타낸다고 생각한다. 큰 착각이다. 우리 주위를 살펴보면 그런 현상이 회의실, 법정, 가정의 식탁에 이르기까지 어디서나 쉽게 볼 수 있다. 그래서 목소리 큰 사람이 이긴다는 웃기는 얘기까지 있지 않은가.

자신의 생각이 옳다는 것을 타인에게 납득시킬 수 있다면, 그의 생각이 옳고 그른지 판단하기에 앞서 논쟁에서 이길 수 있다. 때문에 많은 사람들이 서로의 의견 차이를 인정하고 새로운 의견을 모색하기보다 자신의 의견을 강하게 내세우기를 좋아한다. 다른 사람의 의견을 신중하게 검토해 보는 것이 아니라, 그 의견에 어떻게 대처할 것인가를 먼저 생각한다. 따라서 문제의 핵심과는 상관없는 '자기 말하기'에 치중하는 것이다.

가령, 제품을 팔아야 하는 비즈니스맨이 그렇다면 어떤 결과가 올까? 비즈니스맨으로서는 제품과 돈을 단순히 교환하는 것 이상의 상호 활동이 필요하다. 고객과의 진정한 협력 관계를 맺고 고객의 요구와 희망 사항을 파악해야 한다.

젤딘 교수는 '판매의 기본은 신뢰이다. 단순히 판매만 목적으로 한다면 신뢰감을 형성하기 어렵다. 서로 자신을 밖으로 드러내는 관계를 구축해야 한다. 나는 판매란 두 상업적 주체 사이의 만남이라기보다는 두 사람 사이의 만남이라고 생각한다.'고 했다.

비즈니스맨은 수많은 고객을 방문하고 휴대 전화로 음성 메일을 확인하고, 이메일을 체크하느라고 위와 같은 기초적인 정석을 잊기 쉽다. 하지만 한발 물러서서 생각할 시간이 있다면, 고객과의 만남과 인간관계에서 비즈니스, 그 이상의 것을 얻을 수 있다고 젤딘 교수는 말한다. 관계 구축이 할당량 달성이나 업무 보고보다 중요하다는 것이다.

비즈니스맨은 영업의 도구가 아니며 인간관계의 전문가도 아니다. 비즈니스맨의 역할은 고객을 기분 좋게 만들고, 제품을 보다 잘 이해하고, 만족을 느끼도록 하는 것이다. 이를 위해서 가장 필요한 것이 스피치, 즉 화술이다.

말이 곧 삶의 방식이며 모습이다

'말'을 길게 발음하면 '마알'이다. 즉 '말의 알갱이'라는 뜻이라고 한다. 말의 알갱이는 무엇인가? 바로 그 사람의 생각에서 나오는 것이며 거기엔 행동이 뒤따른다. 얼굴은 고운데 말을 함부로 내뱉으면 그 사람의 얼굴도 흉하게 보인다. 말하는 것을 보면 그 사람의 인격을 알 수 있다.

말에는 상대가 있어야 한다. 말을 주고받을 상대가 없으면 스트레스를 받는다. 특히 노인들이 그렇다.

"말 상대가 없어서 하루 종일 말을 못하니까 입이 부르터요."

하던 어느 할머니가 생각난다. 그런 할머니들 가운데 가끔 혼자 중얼거리는 할머니들이 있다. 말 상대가 없는 상황에서 오는 증세이다. 말 상대가 없는 사람은 정말 외로운 사람이다.

어떤 사람은 말을 질서정연하게 논리적으로 설득력 있게 잘한다. 하지만 그것이 뒤에 거짓으로 드러났을 때는 아무리 말을 잘했어도 신뢰를 잃어 이

중 인격자가 되기 쉽다. 말과 행동은 일치해야 하는 것이다.

또 이런 경우들도 있다. 어린 자녀들이 부모에게 존대어를 쓴다는 것이 자신에게 존대어를 붙여 웃음이 나오게 할 때도 있다. 외국에 오래 산 교포 젊은 이들은 아무래도 우리말이 어색하기도 하고, 말의 뜻을 잘못 알아듣는 경우가 많다. 그 때문에 뜻하지 않게 오해가 빚어지기도 한다.

얼마 전, 어느 목사님 부부에게서 들은 얘기다. 직장에 다니는 아들과 얘기하면서 아들이 사랑스러워 "어이구, 내 새끼야." 했더니, "왜 욕을 하세요?" 하더란다. 어머니는 열심히 설명했지만 아들은 변함없이 '새끼'라는 말을 욕으로만 생각하더라는 것이다. 외국에서 오래 생활한 교포 2세가 그런 말을 들었으면 더욱 오해했을지도 모른다. 말을 할 때는 항상 조심성이 필요하다.

또한 무심코 불쑥 내던진 한 마디가 남의 마음을 상하게 할 수 있다. 부주의한 말 한 마디가 부부간이나 고부간의 갈등으로 이어지는 경우가 흔하다. 밖에서 생긴 스트레스를 집으로 가져와 말을 함부로 하는 일은 없어야 한다. 좋은 말, 착한 말을 하는 것도 연습이 필요하다. 더욱이 홧김에 내던지는 생각 없는 한 마디가 큰 갈등을 일으킬 수 있다는 것을 알아야 한다.

서로의 대화에서 상대방의 말을 들어주는 경청은 고상한 인격을 형성하는 과정이다. 말은 습관성이 강해서 버릇이 된다. 그것이 말버릇이다. 품위 없는 말을 하는 사람은 늘 품위 없는 말을 하고, 남의 말은 귀담아 듣지 않고, 자기 혼자 떠들기를 좋아하는 사람은 언제나 마찬가지다. 남을 헐뜯는 사람은 언제나 변함없이 헐뜯는다. 내가 말을 많이 하는 것보다 남의 말을 더 많이 듣는 경청은 자신의 말실수를 크게 줄일 수 있으며 곧 그 사람의 인격을 높일 수 있다.

자신에게 힘이 되는 말을 하라

말은 자기 마음의 한 부분을 표출하는 것이다. 마음이 어두운 사람은 당연히 말도 어둡고, 마음이 옹졸한 사람은 말도 옹졸하다. 마음이 긍정적인 사람은 자연스럽게 말도 긍정적이다. 세상도 긍정적이고 낙관적으로 보인다. 하지만 우울하고 부정적인 생각을 하면 모든 것이 비관적으로 보인다.

이런 우화가 있다. 노랑나비와 흰나비가 있었다. 그런데 참 이상한 것은 노랑나비에게는 늘 좋은 일만 일어나고, 흰나비에게는 늘 나쁜 일만 일어나는 것이었다. 그 때문인지 노랑나비는 언제나 즐거웠고 흰나비는 언제나 우울했다. 그들의 친구인 호랑나비가 훌륭한 봉사 정신을 가졌다고 나비들을 대표해서 표창장도 받았다. 노랑나비는 호랑나비가 친구인 것을 자랑스러워했다. 하지만 흰나비는 자기보다 못한 것 같은 호랑나비가 상을 받은 것이 도무지 못마땅했다.

며칠 동안 계속해서 비가 내려 나비들은 자기 집에 틀어박혀 있어야 했다.

마침내 비가 그치자 나비들이 나와서 서로 안부를 물었다. 흰나비는 "집에 습기가 차서 벽이 다 썩고 퀴퀴한 냄새가 나서 못 살겠어. 무슨 비가 그렇게 많이 내리지? 미쳤나봐."라고 말했다. 그런데 노랑나비는 "비가 많이 내려서 집 바깥이 아주 깨끗해졌어. 그리고 우리가 좋아하는 꽃들 좀 봐. 비가 오고 나니까 키가 부쩍 컸잖아. 저것 봐, 얼마나 예뻐?"

이와 같이 똑같은 상황을 두고도 부정적인 생각과 긍정적인 생각이 말을 좌우하고, 나아가서 즐거움과 우울함의 차이를 만든다. 우리는 누구나 자신의 마음과 대화하며 살아간다. 끊임없이 생각하는 것이다. 자신의 마음은 스스로 자신에게 말을 걸면서 삶과 감정을 나타낸다. 긍정적인 마음가짐은 그만큼 중요하다. 자기 마음을 다스리는 것은 삶과 감정을 개선하고 향상시키는 일이다.

어느 어촌 마을의 모든 남자들이 고기를 잡기 위해 배를 타고 먼 바다까지 나갔다. 얼마 후 심한 폭풍이 몰아쳤고 날이 어두워졌다. 그런데 배들은 돌아오는 기색이 없었다. 마을의 가족들이 걱정에 휩싸여 있었다. 그런 와중에 어느 집에서 불이 났다. 마을 아낙네들이 총동원되어 간신히 불을 껐고 얼마 뒤 심한 풍랑을 뚫고 모든 어선들이 무사히 돌아왔다.

가족들이 반가워하며 왜 그렇게 늦었느냐고 물었다. 얘기를 들어보니, 갑자기 풍랑을 만났고 날까지 어두워져 방향 감각을 잃고 바다에서 사투를 벌이고 있었는데, 모두 가족들을 생각하며 자신들은 반드시 살 수 있다며 서로 격려하고 있을 때 멀리서 불빛이 보이더라는 것이다. 그래서 그 불빛 방향으로 풍랑을 뚫고 왔더니 무사히 마을에 도착하게 되었다는 것이었다.

말하자면 마을에서 불이 난 것이 전화위복이었다. 그처럼 아무리 힘든 상황이라도 긍정적으로 생각하고 긍정적인 말을 하다 보면 전화위복의 기회를 맞을 수도 있다. 항상 부정적으로 생각하는 사람, 비판적으로 생각하는 사람에게는 그런 기회는 결코 오지 않는다.

* * * ---

말은 축복의 샘이다

우리가 일상생활에서 가장 많이 써야 할 말이지만 입에서 잘 나오지 않는 말들이 있다. 흔히 '기적을 일으키는 말'이라고 하는 것들은 다음과 같은 것이다.

첫째, 죄송합니다.

둘째, 괜찮습니다.

셋째, 감사합니다.

넷째, 사랑합니다.

물론 아주 흔하고 많이 쓰는 말이다. 하지만 형식적으로 그런 말을 할 경우가 많다. 진심에서 우러나오는 진정성을 갖기가 쉽지 않다. 우리는 좀처럼 사과할 줄 모른다. 사과하면 무엇인가 자신의 잘못을 인정하는 것 같고, 상대보다 못한 것 같은 자격지심에서 좀처럼 '죄송합니다'라는 말을 하지 않는다. 자동차가 접촉 사고가 났을 때, 자신의 잘못을 시인하기보다 상대방의 잘못을 지적하며 끝까지 우기다가 크게 다투기도 한다.

'죄송합니다' '괜찮습니다' 하며 서로 말문을 열면 얼마든지 해결 방법이 나온다. 그리하여 상대가 잘못을 시인하고 원만한 처리 결과에 대해 '감사합니다'라고 서로 말을 하면 웃으면서 헤어질 수 있는데, 많은 사람들이 좀처럼 자기 잘못을 시인하지 않고 끝까지 우기기 때문에 마침내 싸움까지 벌어진다.

항상 웃으며 '감사합니다' '사랑합니다'라고 말하는 사람에게 누구도 시비를 걸 수 없다. 고마움, 용서, 관용, 사랑, 배려가 담긴 이 짧지만 어려운 말을 많이 사용하도록 하자. 그러면 모든 것이 잘 풀리고 기쁜 일, 행복한 일이 일어날 것이다. 그래서 위의 네 가지 말을 '기적을 일으키는 말'이라고 하는 것이다.

-- * * *

왜 말을 잘해야 하지?

入구口자 셋이 모이면 품격 品品자가 된다. 같은 말이라도 아름답게 쓰자. 입은 적을 만들고 귀는 친구를 만든다고 한다. 이것은 자신의 말은 조심하고 상대의 말은 경청하라는 뜻이다. 잡초도 꽃이라 부르면 격과 향이 달라진다. 같은 말이라도 어떻게 표현하느냐에 따라 품격과 뿜어내는 향기가 다르다. 몽둥이를 지팡이라고 부르면 격과 느낌이 달라지는 것과 같다. 그야말로 말은 '아' 다르고 '어' 다르다.

말이 잘 풀리면 관계가 좋아지고, 관계가 좋아지면 비즈니스가 잘 풀리고, 비즈니스가 잘 풀리면 인생이 잘 풀린다. 그러기 위해서 '대화'가 있어야 하고 '설화' 舌禍는 피해야 한다.

"사람은 모두 입에 도끼를 가지고 태어나는데 어리석은 사람은 말을 함부로 해서 그 도끼로 자신을 찍고 만다."

이런 외국의 격언이 있다. 한마디 조심성 없는 말은 상대에게 돌이킬 수 없는 상처를 주기도 하고, 스스로 파멸에 이르게 하는 무서운 결과도 가져온다.

"그 회사 망했다."는 한마디 말실수로 30억 원 소송을 당한 엔터테이너가 있었다. 그 말 한 마디에 화장품 회사가 막대한 손실과 나쁜 이미지를 갖게 되었다고 민형사상 책임을 추궁한 것이다.

한번 쏟아진 물은 다시 담을 수 없듯이, 한번 내뱉은 말은 다시 거둬들일 수 없다. 프랑스 속담에 "칼로 베인 상처는 쉽게 낫지만, 말로 베인 상처는 평생을 갈 수 있다."고 했다. 혀와 붓을 통한 상처는 그만큼 깊고 파괴력이 크다. 우리 속담에도 '말 한 마디로 천 냥 빚을 갚는다.' '가는 말이 고와야 오는 말도 곱다.' 등이 있다. 말 한 마디가 인간관계에서 얼마나 중요한 역할을 하는지를 알려주는 속담이다.

사람마다 취향이 다르고 성격이 다르며 표현 방법도 다르다. 가끔은 마음과는 다른 말도 한다. 누군가를 평가하거나 비난하는 것을 흔한 일이다. 더욱이 그 자리에 없는 사람을 험담하기 쉽다. 또한 친하고 가깝다고 해서, 다른 사람의 말을 함부로 옮기는 것은 바보 같은 짓이다. 비록 다른 사람이 한 말을 옮기는 것이지만 결과적으로 자기가 한 말이 된다.

언어 습관이 사고 습관을 갖게 한다

어느 어머니가 다섯 살짜리 아이를 데리고 점쟁이를 찾아갔다. 점쟁이는, 이 아이는 아주 똑똑하고 장차 유명한 사람이 되긴 하겠는데 아깝게도 43세에 단명하겠다고 예언했다. 아이도 그 말을 들었다.

예언대로 그는 성장해서 유명한 사람이 되었지만, 40세가 되자 어릴 때 점쟁이한테 들었던 말이 마음에 걸려 불안해지기 시작했다. 너무나 불안해서 마약에 손을 댔고 그는 결국 약물 중독으로 43세에 세상을 떠나고 말았다. 그가 바로 세계적인 락 스타였던 엘비스 프레슬리다.

부정적인 말은 그처럼 인간의 내면을 지배한다. 자신과 남을 위해 부정적인 말보다는 긍정적인 말을 사용해야 한다. 사람은 16세까지 자신에 대한 약 17만 3천 개의 부정적인 메시지를 받는다고 한다. 그와 비교해서 긍정적인 메시지는 약 1만 6천 개에 불과하다는 것이다. 하루 평균 29.6개의 부정적인 메시지를 듣고, 긍정적인 메시지는 고작 2.7개에 불과한 셈이다.

따라서 인간은 그대로 방치하면 긍정적인 말보다 부정적인 말을 하기 쉽다. 모든 것에 부정적인 말을 사용하는 사람은 결국 소극적으로 되고, 인생이 비관적으로 흘러갈 수밖에 없다. 모든 것을 부정적으로 바라보고, 억압된 사고로 해석하는 사람은 심장마비에 걸릴 확률이 그렇지 않은 사람보다 무려 4배나 높다고 한다.

긍정적인 말을 사용하면 적극성을 갖고 모든 것을 낙관적으로 해석한다. 긍정적인 말은 자신의 생각을 지배하고 인생의 방향을 결정해 준다. 또한 창조적이며 생산적인 행복한 인간관계를 형성하게 해준다.

상대의 단점이나 약점을 지적해 부정적으로 말하는 것보다 상대의 장점을 평가해 주는 것이 대인관계를 훨씬 부드럽게 함은 말할 나위도 없다. 긍정적인 말은 자신에게 주어진 조건에 만족과 안정을 주며 현재의 일에 몰입하게 할 뿐 아니라, 기쁨과 쾌락, 행복감을 주고 미래에 대해 낙관과 희망, 신념을 가져다준다.

언어 습관이 인간관계를
넓고 깊게 한다

강연을 아주 잘하는 사람이 있었다. 그날도 그는 재미있는 강연을 끝내자, 그것을 들은 한 저명 인사가 무대 뒤로 그를 찾아왔다. 청중을 사로잡는 그의 비결이 무엇인지 알고 싶었던 저명인사는,

"선생님은 연단에 서기 전에 마지막으로 무엇을 하십니까? 혹시 유명한 작가들의 글 중에서 좋아하는 대목이라도 읽어보시나요?"

그러자 그가 대답했다.

"아니오. 바지의 지퍼가 열리지 않았나 만져 봅니다."

이처럼 신비롭게 여겨지는 것들도, 알고 보면 별 것이 아닌 경우가 많다. 하지만 그 별 것 아닌 듯한 말에 상당한 의미가 있다.

어느 공공 기관 출입 기자실에서 기자들이 모두 분주하게 일을 하고 있었다. 어느 신문 기자는 부지런히 여기저기 전화를 걸고 있었다.

"형님, 고향에 잘 다녀오셨습니까? 형님하고 식사 한번 해야 되는데…."

"강 사장님, 추석 때 직원들에게 보너스를 많이 주었다고 업계에 소문이 자자합니다. 기업하는 사람은 그게 제일 잘하는 거죠. 저하고도 점심 한번 하시죠?"

"선배님이 지역구로 내려가니까 서울이 텅 빈 것 같대요. 이번에 상임위원장 하마평이 있던데 선배님이 되시는 거 맞죠?"

어림잡아 30여 통의 통화를 한 그 기자는 관련기관은 물론, 관계, 정계, 학계에 모르는 사람이 없다는 이른바 '마당발' 기자였다. 그는 기사 송고를 마치고 또 다시 전화를 걸기 시작했다. 얼핏 업무와 관계없는 일, 쓸데없는 통화로 시간을 낭비하는 것 같지만 결코 그렇지 않다. 큰 사건이 생겼을 때 그의 정보력은 놀라울 정도였다. 그가 틈만 나면 전화를 거는 다양한 인간관계가 정보력의 원천이었다.

그의 설명에 따르면, 그는 취재나 개인적인 일로 사람을 만나면 반드시 전화 번호 등을 메모해뒀다가 일주일 뒤에 안부 전화를 건다는 것이다. 그리고 다시 한 달 뒤에 한 번 더 안부 전화를 하고, 그 뒤에는 2개월에 한 번씩 빠짐없이 전화를 걸어 인간관계를 지속적으로 유지해 나간다는 것이다.

미국인들이 비즈니스에서 가장 중요시하는 능력 가운데 하나가 '휴먼 네트워킹Human Networking'이다. 즉 '인맥 만들기'다. 성공 포트폴리오에서 결코 빠져서는 안 되는 투자 종목이다. 네트워킹을 해야 한다. 세상이 급변할수록 더욱 견고하게 해야 하는 것이 있다면 바로 인간관계이다. 요즘은 사람도 아웃소싱할 수 있는 세상이다.

당신이 얼마나 많은 사람을 알고 있느냐가 당신의 성공 지수를 정하는 중요한 요소가 되고 있다. 인간관계가 원만하지 못하면 아무것도 할 수 없다.

사람이 일을 만들고 사람이 성공을 가져온다. 인적 네트워킹 사냥에 나서야 한다. 그것의 첫걸음은 역시 말, 대화라고 할 수 있다. 그 요령을 살펴보자.

* * * --

자신의 이미지를 향상시키는 일곱 가지 방법

1. 칭찬을 받아들여라 지나친 겸손은 다른 사람을 불쾌하게 할 수도 있다. 성공하는 사람들은 다른 사람들의 칭찬을 우아하게 받아들인다.

2. 언제 어디서든 자신을 좋게 말하라 자신을 좋게 말할 것이 없으면 차라리 입을 다물어라.

3. 자기 자신과 자신의 행동을 분리하라 사람의 행동이 그 사람의 가치와 곧바로 연결되는 것은 아니다. 어쩌다 다른 사람의 차를 들이받았다고 해도 그것 때문에 나쁜 사람이 되는 것은 아니다. 그저 실수했을 뿐이다. 인격과 행동을 분리하라. 실수가 당신의 인격은 아니다. 지나간 과거의 좋지 않은 생각은 빨리 잊어라.

4. 몸을 잘 돌보고 조심해서 다뤄라 사람의 몸은 여분이 없다. 오직 하나뿐이다. 우리가 하는 일은 무엇이든 다른 것에 영향을 주게 되어 있다. 평소 부지런히 운동하고 잘 먹어야 한다.

5. 어떤 대접을 받고 싶은지 사람들에게 알려라 남들이 자신을 귀하게 여기고 어려워하도록 해야 한다. 때로는 적극적으로 상대방의 기선을 제압할 필요가 있다. Yes Man보다 이유 있는 No가 당당하다.

6. 긍정적으로 말하라 그리고 긍정적으로 실행하라 매사 부정적인 사람은 자기 주변의 사람들을 쫓는 격이 된다. 이왕이면 다홍치마라고 좋게 말하는 사람에게 더 정이 가기 마련이다.

7. 지적인 것보다는 감정적으로 표현하라 사람들은 단단한 것보다는 부드러운 것, 차가운 것보다는 따뜻한 것, 부정적인 것보다는 긍정적인 것, 무미건조한 말보다는 감각을 자극하는 정감 있는 말을 좋아한다. 지적인 것보다는 감정이 앞서는 것이 인간의 속성이다. 보다 친밀한 관계를 이끌기 위해서라면 감각적인 표현이 큰 효과를 가져다준다.

-- * * *

말은 아낄수록 손해 볼 거 없다

말을 아끼라는 것은 자기 얘기만 늘어놓기보다 남의 얘기를 더 많이 들으라는 것이다. 화술을 이야기하면서 '말을 아껴라'라고 한다면 앞뒤가 안 맞는 것 같지만, 말은 하는 것보다 듣는 것이 더 중요하기 때문이다.

대화는 서로 주고받는 것이다. 자기 얘기만 늘어놓으면 상대방은 지루할 뿐 아니라, 은근히 화가 난다. 도무지 말할 기회가 없기 때문이다. 그런 상태에서 자신의 말이 설득력을 가질 까닭이 없다. 오히려 자기주장만 있을 뿐, 남을 배려할 줄 모르는 사람으로 낙인찍히기 쉽다.

특히 직장이나 공공장소에서 말을 아껴라. 직장 분위기가 아무리 좋고 동료들 간에 우의가 돈독하더라도 항상 말을 아껴야 한다. 그저 영양가 없는 농담 따먹기라면 상관없겠지만, 무엇을 평가하는 말은 절대적으로 삼가야 한다. 더욱이 당사자가 없는 자리에서 평가는 절대 금물이다. 비밀은 없다. 언제 어디서 내가 함부로 말한 평가가 부메랑이 되어 돌아올지 모른다. 잘 모르겠거든 무조건 칭찬하라. 그러기 위해서는 평소 남들의 장점에 대해서 꾸준히 관찰할 필요가 있다.

성공한 사람들을 보면, 말을 하기보다 잘 듣는 사람들이다. 화술이 뛰어난 사람은 상대방으로 하여금 말을 되도록 많이 하게끔 유도하는 능력이 있다. 그리하여 상대방에게 좋은 인상을 주고, 상대방의 이야기를 통해 많은 정보를 얻기 때문에 성공하는 것이다. 남들에게 많은 이야기를 하도록 기회를 주어 자기가 잘 모르던 상식, 화젯거리, 중요한 정보 등을 얻어내는 것이다. 또한 행여 말실수할 위험까지 줄일 수 있다.

말을 아끼라는 또 다른 이유는 신중하라는 뜻이다. 천재 물리학자 아인슈타인에게 한 학생이,

"교수님같이 위대한 과학자가 될 수 있는 비결이 무엇입니까?"

하고 물었다. 아인슈타인은 이렇게 대답했다.

"입을 적게 움직이고 머리를 많이 움직이게."

자신의 일에 골몰하는 사람은 말을 많이 하지 않는다. 오히려 대충대충 일하는 사람들이 남을 험담하거나 남들에게 독설을 퍼붓는다. 사람이 태어나서 말을 배우는 데는 2년쯤 걸리지만 침묵을 배우는 데는 60년이 걸린다고 한다. 지혜로운 사람은 말하기 전에 반드시 두 번 생각한다. 화근이나 재앙은 입에서 나오는 말에서 비롯되는 경우가 많다. 자칫 말 한 마디로 인해서 화를 입는 경우가 설화舌禍다.

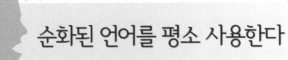

순화된 언어를 평소 사용한다

'자기 대화'라는 것이 있다. 자기가 자기에게 하는 말이다. 자신의 생각과 언어의 습관에서 저절로 입에서 나오는 말이다. 여기에는 일반적으로 다섯 가지 표준이 있다.

표준 1 | 부정 수용의 자기 대화

"나는 못해."

"나에겐 그럴 능력이 없어."

"나는 쓸모없는 인간이야."

"나 같은 게 뭘 하겠어."

이렇게 스스로 자기를 부정하는 말이다. 이러한 부정적인 잠재 의식에서 오는 자기 대화는 잘못된 방향 지시로 자신의 삶에 혼란을 주고 자신감을 잃게 한다. 도무지 자기 확신을 갖지 못하도록 저해하여 그저 평범한 삶에 만족하고 살도록 유도한다.

　자신이 꿈꾸던 원대한 포부나 목표도 스스로 벅차다고 느껴 수동적인 태도를 갖게 하고, '그럭저럭 어떻게…'라는 안일한 태도를 자신의 마음속에 자리 잡게 한다. 당신이 진정으로 자신의 능력을 개발하고 성공하는 사람이 되기 위해서는 '나는 할 수 없다.'는 자기 대화를 몰아내야 한다. 그것은 당신의 성공 과정에서 가장 큰 적을 몰아내는 것이나 다름없다.

표준 2 | 변화 인정의 자기 대화

"나에겐 변화가 필요해."

"나는 꼭 그것을 해야만 돼."

　이런 말이다. 이것은 자신을 기만하는 자기 대화이다. 어떤 변화의 필요성을 스스로 인정하지만 자기 대화에 그치는 경우가 많다. 그 이유는 자신의 문제점은 인정하지만 해결책을 갖고 있지 못하기 때문이다. 그래서 결국 마음만 있을 뿐 실천을 하지 못한다.

"살을 빼야겠는데…, 잘 안 되네."

"담배를 끊어야겠는데…, 아무래도 난 의지가 약한가 봐."

"돈을 더 많이 벌어야 하는데…, 별다른 방법이 없네."

　이처럼 자신도 모르는 사이에 자신에게 부정적인 행동을 지시한다. 변화 인정의 자기 대화는 어떤 목표나 목적을 달성하려는 강한 의지 대신에 열등감에 사로잡힌 나약한 자기 이미지를 만든다. 우선 자기 대화의 습관부터 고쳐야 한다. 그 방법 가운데 하나는 변화 인정의 자기 대화를 꺼낸 후, 잠시 멈췄다가 완전한 문장을 만드는 것이다. 가령, "살을 빼야겠는데…," 하고 자기 변화를 인정했다면, 거기서 그치는 것이 아니라, "살을 빼야겠어. 내일부터는 열심히 운동을 해야겠어."와 같이 해결책까지 함께 제시하고 그것을 습관화 시켜나가는 것이다.

표준 3 | 변화 결정의 자기 대화

바람직한 자기 대화라고 할 수 있다.

"기어이 담배를 끊고 말겠어."

"절대로 회사에 지각하지 않겠어."

"나는 해야 할 일을 절대로 미루지 않겠어."

이런 자신의 변화를 결정하는 자기 대화이자 다짐이다. 자신이 변화의 필요성을 인정하고 실효를 거두려면 그와 같은 자기 대화가 필요하다. 그리고 그러한 다짐이 자신의 잠재 의식이 되도록 습관화해야 한다.

'담배를 끊는다' '지각하지 않는다' '뒤로 미루지 않는다'를 되풀이하여 자기 대화를 하면서 잠재 의식으로 만들어야 누가 담배를 권하더라도 '끊는다'가 떠오르고, '절대 지각하지 않는다'가 잠재 의식이 되어 있어야 알람이 울리면 벌떡 일어난다. '뒤로 미루지 않는다'가 의식 속에 잠재되어 있어야, 그날의 일을 끝내지 않으면 불안해진다.

표준 4 | 변화 창조의 자기 대화

"나는 ──이다!"

우리가 사용할 수 있는 가장 효과적인 자기 대화이다. 자기의 완벽한 새 이미지를 그리며 정말로 원하는 것을 선언하는 자기 대화이다.

"나는 승리자다."

"그 무엇도 나의 앞길을 막지 못한다."

"나는 나를 믿는다."

이처럼 변화된 자신의 모습을 확신하는 것이다. 가령, 해야 할 일을 자꾸 뒤로 미루고 꾸물거리는 사람이라면,

"나는 해야 할 필요가 있다고 생각하면 언제든지 해낸다. 나는 나의 일을 완수하는 것을 즐기고, 제 때에 처리하는 것을 좋아한다."

이런 자기 대화를 통해 변화를 창조하는 것이다. 일종의 자기 최면이라고도 할 수 있다. 그러한 변화 창조의 자기 대화야말로 정말 변화를 가져다준다.

표준 5 | 전체 긍정의 자기 대화

이것은 가장 고차원의 자기 대화로 우리의 실생활과는 크게 연관되지 않는다. 가령 신앙심이 돈독한 사람이 "신이여, 나는 당신의 종입니다."와 같은 것이다. 그렇게 신과의 일치성을 찾고 신과 대화함으로써 정말 신의 종으로 행동한다. 죽음을 무릅쓰고 선교하고 포교하는 용기는 정말 주인을 위해 봉사하는 종처럼 자신을 신의 종으로서 도리와 임무를 다하게 한다는 결연한 의지에서 나오는 것이다. 그러한 자기 대화의 단계는 선택의 문제이지 우리가 반드시 그 경지에 이르러야 하는 것은 아니다.

우리가 되도록 빨리 실천에 옮겨야 할 것은 '표준 1'과 '표준 2'를 몰아내는 것이다. 빠르면 빠를수록 좋다. 그러한 부정적인 자기 대화를 '표준 3'과 '표준 4'로 바꿔야 한다. 그것은 당신이 앞으로 나아가도록 도와주며 변하고자 하는 방향으로 변화시켜 준다. 또한 당신이 나아가는 여정의 걸림돌을 제거시켜주고 힘차게 목적지를 향해 나아가게 한다. 그렇다면 어떻게 시작할까?

가벼운 인사부터 시작하라

어느 나라를 가든 그 나라 국민들의 대화를 들어보면 문화 민족인지 아닌지 쉽게 알 수 있다. 미국이나 영국사람들은 'Thank You'라는 말이 자연스럽게 나온다. 일본인들은 '하이'를 입에 달고 산다. '하이'는 '네!' 하는 경쾌하고 시원스런 대답이다. 조금만 고맙다고 느껴도 곧바로 '아리가토'가 튀어나온다. '감사합니다'를 입에 달고 산다고 해도 과언이 아니다. 어떤 사람은 감사하다는 '아리가토'를 하루에 3백 번 이상을 한다고 한다.

그럼 우리는 어떤가? 지하철을 타다가 승객의 발을 밟으면 당황스럽다는 듯 물끄러미 쳐다볼 뿐, 미안하다, 죄송하다는 말을 잘 하지 않는다. 오히려 상대에게 왜 발을 피하지 않고 밟혔느냐는 식으로 못마땅하게 쳐다보는 사람도 있다. 사과하면 자신의 체면에 큰 손상이라도 가는 듯 하다. 물론 모두 그런 것은 아니지만 일반적으로 무뚝뚝하다. 사과나 고마움 표시에는 무척 인색하다.

4천 원짜리 북어국을 파는 한 음식점은 장사가 아주 잘되는데도 종업원들이 한결같이 친절하다. '어서 오십시오' '앉으십시오' '뭐 드시겠습니까?' '잠깐 기다려주십시오' 소리가 끊이지 않고 '네!' 하는 대답을 대여섯 번씩 듣는다. 주문한 음식을 갖다놓고 '맛있게 드십시오' '모자라면 건더기와 국물을 더 드리겠습니다' 하고, 계산할 때는 '맛있게 드셨습니까?' '감사합니다' 등등, 끊임없이 인사한다. 그러한 영업 전략이 효과를 거둔 듯 항상 손님이 넘쳐난다.

상대방을 감동시키는 말은 복잡하고 긴 말이 아니다. '감사하다' '사랑한다' '미안하다' '존경한다'와 같은 짧은 인사말들이다. 가족들에게도 마찬가지다. 서로 주고받는 인사말은 우애를 돈독히 하고 화목한 가정을 만든다. 내가 먼저, 내가 한마디 더 인사해서 손해 볼 일은 아무것도 없다.

표현하지 않는 사랑은 사랑이 아니다

이런 유머가 있다. 어느 부부 이야기다. 어느 날 아내가 남편에게 말했다.

"여보, 우리가 함께 산 지 벌써 25년이에요. 그런데 당신은 25년 전 나한테 청혼할 때 사랑한다는 말을 한 뒤에 지금까지 단 한 번도 사랑한다는 말을 해본 적이 없어요. 어떻게 그럴 수가 있어요?"

남편이 대답했다.

"25년 전 한 말이 여전히 유효하기 때문이야."

물론 유머지만 이상하게 우리는 '사랑한다'는 말에 너무 인색하다. 부부 사이에도 좀처럼 사랑한다는 말을 하지 않는다. 특히 남자들은 가까운 사람일수록 오히려 무뚝뚝하다. 퇴근하고 집에 돌아오면 TV나 시청할 뿐 거의 말 한 마디도 안 하는 남자들도 있다.

아내가 "여보, 있잖아…," 하면서, 무엇인가 화제를 꺼내어 대화를 하려고 하면, 귀찮다는 듯이 "요점이 뭐야? 결론만 얘기해봐…," 하며 잘라버리는 남자들이 수두룩하다. 그런 남편치고 가정적인 남편은 없다. 우리나라 남자들은 입이 무겁고 무뚝뚝해야 권위가 있는 것으로 착각하는 것 같다. 그래서 우리 남자들은 가족과의 대화, 즉 아내, 자녀와의 대화가 가장 부족하다는 지적을 받는다.

아무리 마음속으로 아내를 사랑하고 자녀를 사랑한다고 해도, 표현하지 않는 사랑은 사랑이 아니다. 아내에게 끊임없이 이렇게 사랑을 표현하고 칭찬하면 아내는 신바람이 난다.

"사랑해."

"당신은 변함없이 매력적이야."

"당신이 있어서 나는 행복해."

자녀들에게도 항상 관심을 가지고 애정을 표현해야 한다. 그런 부모에게서 성장한 어린이는 빗나가지 않는다.

기혼 부부로서 부부 갈등을 겪어보지 않은 사람은 드물 것이다. 갈등이 커지면 이혼을 생각한다. 갈등이 있으면 서로 크게 싸우더라도 그것을 적극적으로 표현해야 한다. 그래서 싸우는 부부보다 대화가 없는 부부가 더 무섭다고 한다. 싸우는 것도 일종의 대화이다.

자기 감정을 솔직하게 표현하지 않고 억누르고 회피하다 보면 불만이 더욱 쌓여가고 갈등의 골이 점점 깊어진다. 그 다음은 어쩔 수 없이 이혼을 생각하게 된다. 오히려 속이 후련하게 싸우고 나면 서로의 불만이 무엇인지 알게 되고, 가슴속의 응어리가 풀려 갈등을 크게 줄일 수 있다.

부부 사이에 감출 게 무엇이 있으며 부끄러울 게 무엇이 있겠는가? 심지어 잠자리에서도 그렇다. 여자들은 잠자리에서의 성적 쾌감도 되도록 감추려 하고 수동적인 태도를 지키려 한다. 여자는 성적으로 적극적이고 큰 소리 내는 것을 부끄럽게 생각하여 되도록 억제하려고 한다.

그럴 이유가 없다. 자기 감정에 솔직하고 감정을 분명하게 표현하는 것이 한결 잠자리의 기쁨을 높여주고 부부 사이를 친밀하게 해준다. 예로부터 화를 참으면 화병이 된다고 했다. 감정에 솔직하면 뒤끝이 없다.

남녀의 차이를 이해하라

남자와 여자는 차이가 있다. 차별이 있는 것이 아니라 차이가 있는 것이다. 생물학적으로 유전자, 뇌 호르몬, 뇌 세포, 신경 전달 물질 등에서 오는 차이다. 그것이 남녀의 행동과 심리 차이를 만들어낸다. 또한 사회화와 환경에서 오는 차이도 있다.

여자아이는 젖을 먹을 때 한번 빨고 엄마를 쳐다보면서 오랫동안 먹지만, 남자아이는 그냥 젖을 쭉쭉 빨아 빨리 다 먹고 잠을 잔다고 한다. 남자와 여자는 유아 시절부터 이런 차이가 난다. 여자는 언어 능력이 뛰어나고 남자는 공간 지각력이 뛰어나다고 한다.

여자의 언어 기능은 두뇌의 좌뇌에 주로 위치해 있는데, 우뇌에도 이보다 기능이 떨어지지만 언어 기능이 있어서 이 둘이 서로 합작해서 언어 능력을 뛰어나게 만든다. 따라서 여자는 대화를 잘하고 언어 관련 직업에 많이 종사한다. 그런데 남자의 뇌에는 이런 언어 기능을 담당하는 부위가 잘 발달되어 있지 않다.

그 대신에 남자의 우뇌 앞쪽에 공간 지능을 담당하는 부위가 네 군데나 있다. 여자는 그 부위가 발달되어 있지 않다. 그래서 남자는 공간과 관련된 직업(건축, 수학, 물리)이나 스포츠에 뛰어나다. 공간 지능은 머릿속에서 물건의 형체, 차원, 좌표, 비율, 움직임, 자리 등을 상상하는 능력이다.

어려서부터 남자아이는 사물(일)을 좋아하고, 여자아이는 사람을 좋아한다고 한다. 그러니까 여자는 서비스, 인문 사회 등 사람과 관련된 일이 적성에 더 맞고, 남자는 사물적인 것, 컴퓨터나 공학 등이 훨씬 적성에 맞는다.

남녀의 차이는 얼마든지 있다. 유전적인 요인에서 오는 차이도 있는데, 가령 어느 목적지를 찾아갈 때 잘 찾지 못할 경우, 남자는 길을 뱅뱅 돌고 여자는 주변사람들에게 묻는다고 한다. 남자는 원시 시대 항상 사냥감을 쫓아다녔기 때문에 원거리를 잘 보고 목표물에 집중하는 경향이 있는가 하면, 여자는 방어적 시야를 가져 주위를 잘보고 남자보다 눈으로 보는 시야가 넓다. 원시 시대 남자는 사냥을 했지만 여자는 열매나 나뭇잎을 따는 채집을 해온 것이 유전하는 탓이다. 간단히 말해 남자는 원거리를 잘 보고 여자는 주변을 잘

본다.

이러한 남녀의 차이는 대화 방식에서도 잘 드러난다. 남자는 보고하는 식의 전달 방식이지만 여자는 상대방과 교감하는 스타일이다. 남자는 자신의 파워와 신분 등에 초점을 맞춘다. 여자는 상대와의 감정을 공유하거나 그것을 강화하려는 방향으로 말한다.

남자는 자신이 문제를 해결할 능력이 있다는 점을 과시하면서 자신의 경쟁력이나 우월감을 느끼려 한다. 어떤 문제에 대해 대화할 때 해결책을 내놓으려고 서두른다. 이것은 자신의 능력을 과시하려는 욕구 때문이다.

또한 일반적으로 여자가 남자보다 훨씬 말을 많이 하는 것으로 알려졌지만, 어떤 조사에서는 남녀가 섞여 있는 그룹에서는 오히려 남자들이 더 말을 많이 하는 것으로 나타난다. 또 여자들이 남을 말을 잘 자른다고 알려졌지만 이 조사에서는 남자들이 상대의 말을 더 자르는 것으로 나타났다. 물론 이런 연구 결과에 대해 연구 방법이 잘못되었다는 지적이 있기는 하다.

의사 표시에 있어서 남자는 상소리, 공격적 폭언, 말 가로채기, 혼자 떠들기 등이 포함된다. 여자는 상냥하고 비전투적인 언어를 사용하려고 한다. 그러나 흥분 상태가 되거나 격론이 벌어지면 남녀 구별 없이 평상시와 다른 대화 패턴을 나타낸다. 그 밖에 몇 가지 남녀의 대화 차이를 정리하면 다음과 같다.

＊ 여자는 관계를 맺고 유지하기 위해 대화한다. 상대방의 견해에 긍정적인 반응을 보이고 동조하는 편이다. 남자는 문제를 풀거나 자신의 지배력을 유지하기 위해 대화한다. 따라서 긍정적인 반응이 적고, 추상적인 면이 강하다.

＊ 여자는 대화 속에 자신의 사생활을 많이 드러내고 한 가지 주제에 오랫동안 집중하거나 상대를 자신의 이야기 속으로 끌어들인다. 남자는 자신의 사생활을 잘 드러내지 않고 개인관계나 감정적인 것보다 토론을 좋아한다. 대화 주제도 자주 바뀐다. 또한 대화의 주도권을 쥐려고 한다.

＊ 여자는 대화의 주도권을 행사하지만 그것은 자신의 파워나 사회적 위상보다 우정에 바탕을 둔다. 남자는 대화에서 경쟁하거나 통제하려 하고, 자신의 우월한 위치를 유지하려 한다.

＊ 남녀는 일정한 룰과 대화의 해법을 통해 담소한다. 그럴 때 남자는 자신의 사회적 지위나 독립성을 강조한다. 여자는 개인적인 친밀감이나 연대감을 강조한다. 그 때문에 남녀의 대화는 갈등과 오해를 빚는 경우가 흔하다. 자칫하면 말싸움이 된다.

따라서 남녀가 섞여서 대화할 때는 무엇보다 먼저 남녀의 차이를 이해해야 하며, 남자는 지나치게 공격적이거나 우월한 위치에서 지배하려고 하면 안 된다. 여자는 너무 감성적으로 치우쳐 주제의 본질을 떠나 정이나 친밀감으로 흘러가면 대화의 핵심을 잃어버린다. 서로 배려하고 존중하면서 주제의 본질에서 벗어나지 않도록 해야 한다.

가정에서의 커뮤니케이션

네 발 짐승 가운데서 가장 금실이 좋기로는 노루라고 한다. 참다운 사냥꾼은 혼자 있는 노루는 쏴도 암수가 함께 있는 노루는 쏘지 않는다고 한다. 하늘을 나는 새들 가운데는 비둘기의 금실이 으뜸이라고 한다. 비둘기는 떼를 지어 날지만 내려앉을 때는 반드시 부부끼리 짝을 지어 한 자리에 내린다고 한다.

부부가 행복한 가정을 꾸미려면 부부 사이에 친밀감이 있어야 한다. 첫째 정서적 친밀감이 절대적으로 필요하다. 여자들은 그러한 친밀감을 기대한다. 그것은 부부의 대화를 통해서 얻을 수 있다.

근본적으로 남자는 성취 지향적이고 일, 명예 등 경쟁적 성취 요구가 강하다. 그와 다르게 여자는 관계 지향적이다. 자신이 관심의 대상이 되고 사랑받고 싶은 욕구가 강하다. 남자는 운동이나 활동을 같이 하면서 친밀감을 느끼지만 여자는 얼굴을 마주보고 주고받는 대화를 통해 친밀감을 느낀다. 그 때문에 부부의 가장 중요한 행위는 대화라는 것이다.

아내를 침실에서 기쁘게 할 의도가 있다면 먼저 대화를 유도해야 한다. 여자의 가장 중요한 성감대는 신체의 민감한 부위가 아니라 대뇌이다. 마음을 열게 해야 몸을 열 수 있다. 대화는 마음과 몸을 열게 한다.

부부의 행복을 가져다주는 두 번째 요소는 육체적 친밀감이다. '섹스는 가정을 평화롭게 하는 보약이다'라는 말이 있다. 건강한 부부는 성적 욕구가 있기 마련이다. 부부 싸움을 했더라도 잠자리를 같이하면 화가 풀리고, 온갖 스트레스도 부부는 성관계를 통해 한순간에 풀어낼 수 있다.

통계에 따르면 부부의 성적 불만이 이혼 사유의 절대적인 부분을 차지한다고 한다. 부부는 성생활을 소홀히 하면 안 된다. 성생활을 통해 항상 육체적 친밀감을 유지해야 한다.

세 번째는 오락적 친밀감이다. 부부는 함께 취미 생활이나 운동을 통해 부부 생활의 재미를 느껴야 한다. 한 달에 한번쯤은 단둘이 연애 감정을 불러일으키는 오붓한 시간을 만들 필요가 있다. 함께 여행도 하고, 함께 산을 찾는다든가, 함께 영화, 뮤지컬, 음악회, 전시회 등을 찾는 것도 효과적이다.

남자들은 자칫 화내는 것으로 남자의 강한 모습을 보인다고 착각하기 쉽다. 터무니없이 화를 내는 것은 대화를 단절시키고 가정 불화를 일으키는 불씨가 된다. 부부 관계는 우정, 동반자, 대등한 관계여야 한다. 특히 부부 싸움은 아주 사소한 것에서 비롯되는 경우가 많다. 서로 양보하고 이해하고 존중하는 자세를 가질 때 원만한 가정을 꾸려갈 수 있다. 가정 생활에 성공하는 사람이 진정한 성공자라고 할 수 있다.

잔소리는 화목을 깨는 불청객이다

한 마을에 나란히 붙어있는 두 집이 있었다. 그런데 생활은 영 딴판이었다. 한 집은 가족들이 더없이 화목한데, 또 한 집은 하루도 가족끼리 다투지 않는 날이 없었다. 만날 싸우는 집 가족들이 화목한 집을 방문했다.

"이 집은 어떡해서 가족들이 화목하고 행복하게 사는지 비결을 알고 싶어서 찾아왔습니다."

"글쎄요. 저희는 가족끼리 도무지 다툴 일이 없던데…."

그때 그 집의 딸이 찾아온 손님에게 대접하려고 과일을 담을 접시를 꺼내려다가 떨어뜨려 산산조각이 났다. 딸이 급히 깨진 접시조각들을 주워 모으며 말했다.

"어머, 죄송해요. 제가 조심하지 않아서 그만!"

그러자 엄마, 아빠가 앞 다투어 말했다.

"아니다. 엄마 잘못이다. 내가 하필 그런 곳에 접시를 두다니. 내 잘못이다."

"아니오. 당신 잘못이 아니요. 내가 접시가 좀 아슬아슬하게 놓여있는 것을 봤는데, 깜빡하고 안전하게 놓는 것을 잊었소. 내 잘못이요."

그걸 본 만날 다투는 집 가족들은 곧 깨달았다. 그 집 아버지가 말했다.

"화목한 비결을 알았습니다. 우리는 사소한 일에도 가족들끼리 서로 상대를 탓하며 화를 내는데 이 집은 서로 잘못했다고 하는군요. 가족이 한 마음, 한 뜻이라는 것을 보고 배웠습니다."

가정 불화가 잔소리에서 비롯되는 경우가 많다. 남편은 아내에게 잔소리로 불평을 늘어놓고, 아내는 남편에게 잔소리로 불만을 털어놓는다면 가정이 행복할 까닭이 없다.

남편은 밖에서라도 불평 불만을 늘어놓을 수 있지만, 항상 집에 있는 아내에게 남편이 잔소리를 해대면 아내는 견딜 수가 없다. 아내도 마찬가지다. 밖에서 온갖 스트레스에 시달려 들어온 남편에게 들어서기 무섭게 잔소리를 퍼붓는다면 집에 들어오는 것조차 싫어질 것이다. 마침내 남편도 폭발해서 벌컥 화를 내게 되고 부부 싸움이 벌어진다. 그런 가정은 하루도 편할 날이 없다.

어떤 경우라도 잔소리로 상대를 고치려 하지 말아야 한다. 오랜 생활 습관이나 성격이 잔소리 한다고 해서 쉽게 고쳐지지 않는다. 그보다는 상대의 장점을 먼저 보고, 칭찬을 아끼지 말아야 한다. 신이 아닌 이상, 단점 없는 사람은 없다. 서로 단점을 지적하기 시작하면 끝이 없다.

꼭 고쳐야 할 단점이 있다면 그것은 잔소리로 고칠 수 있는 것이 아니라, 묘약은 사랑뿐이다. 또한 아내는 가장인 남편을 인정해줘야 한다. 남자는 밖에서든 안에서든 인정받고 싶어 한다. 남편의 장점을 칭찬하고 남편의 위치를 인정해 주면서 사랑을 느끼면, 스스로 단점을 고쳐나갈 것이다.

칭찬과 배려는 보약과 같다

부부는 서로 칭찬하고 배려해야 한다. 아내는 남편이 가족의 생계를 위해 분투하는 것을 고맙게 여기고, 남편은 아내가 가정을 잘 꾸려가며 알뜰하게 생활하고 자녀의 양육과 교육을 위해 희생하는 것에 항상 감사해야 한다. 그러한 마음가짐뿐만이 아니라 그러한 마음을 표현해야 한다. 그것이 칭찬과 배려다.

'미·사·고'라는 줄임말이 있다. '미안해' '사랑해' '고마워'의 줄임말이다. 부부가 항상 서로 고마워하고 진정으로 사랑하고 가족을 위해 애쓰는 것을 미안해 한다면 부쩍 힘이 솟을 것이다. 그래서 서로의 칭찬과 배려는 보약과 같다는 것이다.

부부 싸움은 칼로 물 베기

무척 화목해 보이는 노부부라도,

"부럽습니다. 평생 동안 그렇게 서로 사랑하며 살아오셨습니까?"

하고 물으면 대개,

"어찌 부부 싸움이 없었겠소? 우리도 많이 다퉜지요."

하고 대답한다. 역시 부부 싸움은 칼로 물 베기다. 부부 싸움을 하는 것이 서로 무관심한 것보다 훨씬 낫다고 한다.

부부가 다툴 일이 있으면 가만히 있는 것보다 다투는 것이 좋지만, 서로 하지 말아야 할 말이 있다. 가령, 배우자의 부모나 형제를 헐뜯는다거나, 배우자의 과거나 약점, 아픈 과거를 들춰내는 것은 절대로 삼가야 할 일이다. 그런 것이 원인이 되어 부부가 싸움을 하게 되면 그 후유증이 오래 가기 마련이다.

"당신의 그 가증스러움은 어쩜 당신 어머니와 똑같지?"

"그런 못된 습관이 당신 친정식구들의 내력이라면서?"

"뚱뚱하고 늙은 주제에 값비싼 옷이라니? 어울리지 않지….'

"당신의 그 아둔한 머리를 닮아서 애들이 저 모양이야.'

이런 식의 말을 하면 누구라도 화를 내고, 서로 상대의 약점, 아픈 상처를 들춰내게 되고, 서로의 부모를 헐뜯게 된다. 서로 회복하려면 상당한 시간이 걸린다. 싸우되 싸움의 원인과 관계없는 것을 들춰내 상대를 공격하는 것은 절대로 안 된다. 또 부부 싸움을 하고 나서 각방을 쓰는 부부가 있는데 그 역시 바람직하지 못하다. 아무리 심하게 다퉜더라도 부부 아닌가? 반드시 함께 자야 한다.

부부가 싸울 일이 있으면 시간과 장소를 정해서 하는 것이 좋다. 서로 감정이 격해졌다고 해서 인신 공격을 하거나 폭력을 쓰거나 가구를 부수는 등 파괴적인 행동을 해서는 안 된다. 부부 싸움을 할 때는 솔직한 감정으로 진짜 문제가 무엇인지를 표현해야 한다. 또 침착함을 잃지 말고, 배우자의 말을 자꾸 가로채거나 끊어버리지 말고 끝까지 들은 다음, 자기 의견을 얘기해야 한다. 아울러 싸움의 끝은 창조적인 해결책을 찾아 서로 언약을 맺는 것이 좋다.

아름다운 사랑을 위한 말

사랑을 하다 보면 상대방을 구속하게 되는 경우가 흔하다. 특히 오랫동안 사귀어 온 연인일수록 상대방의 개인 생활이나 개인적인 여유를 주지 않으려 한다. 아주 잘못된 것이다. 상대를 자신의 소유물로 생각하는 그릇된 행동이다.

여자는 여자만의 공간이 필요하고 남자는 남자만의 공간이 필요하다. 그것을 인정해야 한다. 아울러 개인의 자유를 인정해야 한다. 각자 자유롭게 자기가 원하는 것을 하도록 자유를 주고 뒤에서 지원과 격려를 아끼지 않는 지혜가 필요하다.

성공적인 남녀 관계를 살펴보면 서로의 독립성을 인정하고 있다는 공통점이 있다. 상대의 자유를 박탈하려고 하면, 본의 아니게 상대를 속이는 경우도 있고, 의심이 커져 불신하기 쉽다. 결국은 거부감 같은 감정 대립만 불러일으키게 된다.

인간은 누구나 프라이버시를 존중받을 권리가 있다. 아무리 허물없는 부부 관계에서도 마찬가지다. 상대의 프라이버시를 침해하지 말아야 한다. 그렇게 해야 상호간의 신뢰와 존경이 형성된다.

영국의 명재상이었던 윈스턴 처칠은 그들 부부가 56년 동안 원만한 관계를 유지할 수 있었던 비결은 부부간에 욕실을 따로 사용했기 때문이라고 밝혔다.

어려움을 함께 할 말벗 셋을 얻어라

필자와 가까운 선배의 얘기다. 사업하는 선배였는데 IMF 때 부도가 나서 큰 고통을 겪었다. 거의 파산자가 되어 고향의 어머니를 찾았는데 이런 저런 얘기 끝에 어머니가 200만 원을 내미시는 것이었다. 선배의 누이가 어머니한테 드린 용돈을 모아 둔 돈이었다.

선배는 늙은 어머니한태 차마 그 돈을 받을 수가 없어서 한사코 사양을 했는데, 어머니의 눈빛이 어찌나 간절한지 안 받을 수가 없었다. 자녀들이 모두 성공해서 괜찮게 사는데, 자식인 50대의 선배가 사업에 실패한 것이 어머니로서는 안타까웠던 모양이다.

"그럼 어머니한테 제가 빌리는 것으로 하고, 빠른 시일 안에 갚겠습니다."

하고 받았다. 그리고 여러 해가 흘러 선배는 재기에 성공했다. 선배는 어머니한테 받았던 돈을 돌려드리려고 했다. 그런데 어머니가 한사코 안 받으시는 것이었다.

"큰 돈은 안 받는다."

이번에는 어머니가 한사코 사양했다. 선배는 할 수 없이 10만 원을 천 원짜리로 바꿔 어머니한테 드렸다.

큰 돈은 안 받으시지만 그 돈을 천 원짜리로 바꿔서 드린다고 하니 받으신 거다. 똑같은 돈을 드리는 것도 방식에 따라 다르기 때문에 어머니는 받기도 하고 안 받기도 하시는 거였다. 결국 이런 경우처럼 어떻게 말하고 행동하느냐에 따라 상대의 공감을 얻느냐 그렇지 못하느냐로 구분된다.

이렇게 말은 전달의 수단이며 커뮤니케이션이다. 선배의 얘기에는 말이란 마음과 마음을 연결해 주는 중요한 도구라는 사실이 담겨 있다. 사람에게 가장 고통스러운 것은 말할 상대가 없을 때이다. 그것도 마음과 마음이 통하는 상대가 없을 때 고독감은 극도에 달한다.

학생들의 왕따가 문제가 되는 것은 집단 괴롭힘도 문제지만 왕따 당하는 학생이 말할 상대가 없다는 게 더 문제가 크다. 같은 반 친구들이 모두 외면하기 때문에 학교에서 집에 돌아올 때까지 말을 할 기회가 없는 것이다. 그야말로 엄청난 고통이다. 소외감을 넘어 정신적으로 황폐해져 자살까지 생각하게 된다.

말로서 마음과 마음이 통할 수 있는 사람이 세 명만 있다면 행복할 수 있다. 외로울 때, 어려울 때 말로서 위안을 주고 자신의 마음을 허물없이 털어놓을 수 있는 사람 세 명을 만들어라. 아주 큰 삶의 활력을 얻을 수 있을 것이다.

말이라고 다 같은 말이 아니다

따뜻한 마음, 따스한 말

필자의 젊은 시절을 잠시 되돌아본다. 지하철에서 깜빡 졸다가 내려야 할 역을 지나치는 바람에 소개팅에 30분이나 늦었다. 첫 만남에 이게 뭐람? 헐레벌떡 약속 장소에 들어서서 그녀를 만났을 때 내 얼굴에서는 땀이 비 오듯 흘러내렸다. 그녀는 웃으며 나한테 손수건을 내밀었다.

우리는 그렇게 인연을 맺었다. 그리고 교제를 시작한 지 100일이 되었을 때 나는 그녀에게 맛있는 것을 사주고 싶어 난생 처음으로 스테이크 음식점에 갔다. 그 전날 요리 매너에 대한 책을 보면서 스테이크를 주문할 때는 'well done — 잘 익힌 것' 'medium — 중간으로 익힌 것' 'rare — 덜 익힌 것'을 열심히 외었다. 그녀에게 잘 보이고 싶었기 때문이다.

하지만 종업원이 주문을 받으면서 "어떻게 해드릴까요?" 하고 물었을 때, 왠지 떨리고 당황스러웠다. 얼떨결에, 중간으로 익힌 것이 좋을 것 같아서 "middle로 해 주세요."라고 말했다.

"아, midium을 말씀 하시는 거죠?"

순간 나는 말을 잘못했다는 것을 깨달았지만 그녀 앞에서 망신당할 수 없어서,

"그럼 well done으로 해주세요."라고 했다. 그런데 종업원이 다시 확인하는 것이었다. "midium, well done를 말씀하시는 건가요?"

"그냥 바짝 익혀주세요."

나는 당황해서 그렇게 말했다. 지나고 생각해 보면 아무것도 아닌 일이었다. 쉽게 우리말로 "중간쯤 익혀주세요."라고 해도 아무 문제가 없었을 텐데 그녀에게 촌티나게 보이지 않으려고 하다가 오히려 우스운 꼴이 되고 말았다. 너무 바짝 구워 딱딱해진 스테이크를 억지로 씹으면서 그녀는 나를 향해 웃어주었다.

그 실수를 만회하려고 그 다음 그녀를 만났을 때는 'T.G.I. 프라이데이'에 갔다. 무척 비싸다는 걸 알았지만 그녀를 위해서라면 아깝지 않았다. 그래서 메뉴의 수많은 낯선 이름들을 외면하고 가장 친숙한 햄버거를 두 개 시켰다. 종업원이 이번엔 아무것도 물어보지 않았다. 그런데 막상 햄버거가 나왔는데 내가 늘상 보아왔던 햄버거와는 다른 모양이었다.

빵 따로, 고기 따로, 야채 따로, 그리고 포크와 나이프가 접시에 놓여있었다. 이걸 어떻게 먹어야 하지? 따로 따로 먹는 걸까, 아니면 합쳐서 먹는 걸까? 슬그머니 다른 사람 먹는 것을 곁눈질했지만 아무도 햄버거를 먹는 사람이 없었다. 결국 난 일반 햄버거처럼 빵, 고기, 야채를 한꺼번에 합쳐서 먹기로 했고, 그녀는 따로 따로 먹기로 했다. 햄버거는 정말 맛이 없었다.

나중에야 알았다. 햄버거를 먹을 때 뿌리는 케첩과 겨자는 테이블에 따로 놓여있다는 걸. 그리고 역시 나중에 알았다. 그녀는 이미 알고 있으면서도 내

가 부끄러워할까봐 그냥 먹었다는 걸.

그녀와 함께 술을 마신 적은 없었는데 한번은 용기를 내어 맥주 집에 갔다. 나는 세련된 척 '밀러'를 시켰는데, 오프너는 주지 않고 병마개에 물에 젖은 냅킨이 얹혀 있었다. 나는 깨끗이 닦아 마시라는 것으로 알고, 내 것과 그녀의 것까지 냅킨으로 병마개를 깨끗이 닦았다. 그리고 주인아저씨에게 병따개를 달라고 했다.

주인아저씨는 그냥 따는 것이라고 했다. 나는 테이블 어디엔가 병따개가 고정되어 있는 것으로 알고 테이블 이 구석 저 구석을 기웃거렸지만 아무것도 없었다. 내가 답답해서 테이블 모서리에 대고 따려고 하자 주인아저씨가 와서 손으로 가볍게 따주었다. 우리는 마주보고 웃었다.

폼 잡으려다가 끊임없는 실수 만발. 그러나 우리는 사랑했다. 교제한 지 5년 만에 결혼식을 올렸다. 꿈만 같았다. 나는 주례 앞에서 멍한 상태였다. 주례 선생님의 말이 귀에 들어오지 않았다. 주례는 영원히 함께 사랑하며 살겠느냐는 질문을 내가 못 알아듣자 세 번이나 했다.

"네, 선생님!"

내 목소리가 어찌나 컸던지 식장 안은 웃음바다가 되었다. 나중에 결혼식을 찍은 비디오를 보고 또 한 번 놀랐다. 내 바지 지퍼가 활짝 열려 있었다. 어쩌면 이렇게 처음부터 끝까지 실수투성이란 말인가? 하지만 우리는 행복하게 서로 사랑하며 살아왔다. 어느덧 우리는 늙었지만 아내는 실수투성이의 나를 변함없이 사랑한다.

세상은 덧없이 흘러간다. 일상생활에서 작은 일들이 모여 인생이 된다. 평소의 작은 관심, 작은 배려가 세상을 따뜻하게 만든다. 이를테면 약속 시간 잘 지키는 것, 반갑게 인사하는 것, 자리를 양보하는 것, 고마움을 표시하는 것, 상대의 크고 작은 일에 관심을 가져주는 것, 상대의 마음을 헤아려 감정을 함께 나누는 것, 어려울 때 위로하는 것, 이러한 작은 것들이 인간관계를 따뜻하게 하고, 세상을 따뜻하게 한다. 내가 교제하던 시절, 아내의 따뜻한 배려가 없었다면, 실수를 저지를 때마다 비웃거나 지적했더라면 나는 부끄럽고 창피해서 아내를 피했을지도 모른다.

상대의 잘못을 감싸주고 가끔은 손해를 볼 줄도 아는 따뜻한 마음, 대화할 때 지루하지 않게 재미있게 말하는 사람, 비난과 힐책, 험담보다 축복과 격려가 담긴 따스한 말을 하는 사람들이 늘어난다면 우리가 사는 세상은 한결 아름다울 것이다.

플러스 말이 플러스 효과를 낳는다

사흘 동안 굶은 호랑이가 있었다. 사냥감을 찾아 헤매다가 쭈그리고 앉아 있는 토끼를 발견하고 낚아챘다. 그런데 토끼가 하는 말,

"이거 놓지 못해? 새캬!"

토끼의 당돌함에 오히려 당황한 호랑이가 얼떨결에 토끼를 놓아주고 말았다. 그 다음날도 온종일 헤매던 호랑이가 운 좋게 토끼를 발견하고 낚아챘다. 그러자 토끼가 하는 말,

"나야, 새캬!"

하필 어제의 그 토끼였다. 흠칫 놀란 호랑이가 다시 토끼를 놓아주고 말았다. 호랑이는 정신을 차리고 이제 다시는 토끼를 놓아주지 않겠다고 다짐했다. 그리고 또 다시 먹이를 찾아 헤매다가 토끼를 발견했다. 다행히 먼저의 그 대담한 토끼가 아니라 다른 토끼였다. 호랑이가 토끼를 잡았다. 그런데 그 토끼가 하는 말,

"야, 소문 다 났어, 새캬!"

물론 우스갯소리겠지만, 때로는 당당한 말, 자신감 넘치는 말, 긍정적인 말이 플러스 효과를 가져 올 때가 있다. '내가 이렇게 말하면 상대는 이렇게 말하겠지.' 하는 식으로 너무 잔머리를 굴리며 말하기보다 플러스의 말, 당당한 태도가 필요하다. 또 한 가지 일화를 들어보자.

어느 무더운 날, 더위에 지쳐 숨을 헐떡이던 청년이 냉동실을 발견했다.

"냉동실 안은 무척 시원할 거야."

청년은 냉동실 문을 열고 들어갔는데 그만 문이 덜컥 닫히면서 열리지 않는 것이었다. 밖에서만 열 수 있는 문이었다. 청년은 마구 문을 두드리며 소리쳤지만 소용없는 일이었다. 무려 이틀이 지난 뒤에 냉동실 관리자가 문을 열고 안으로 들어갔더니 청년은 이미 죽어 있었다.

관리자는 의아해 했다. 냉동실은 작동하지 않는 상태였기 때문이었다. 냉동실 안의 온도도 15도 정도로 전혀 활동에 지장이 없었고 산소도 충분했는데 청년이 그 안에서 죽은 것이 이상했다.

원인은 간단하다. 청년은 냉동실 문이 잠겨버리는 순간, 냉동실 안은 당연히 무척 추울 것이라며 지레 겁을 먹고, 이제 자기는 얼어 죽는다고 부정적인 생각을 했던 것이다.

부정적인 사고는 소극적인 행동을 하게 만든다. 호랑이에게 잡혔던 토끼가 '이제 나는 죽었구나' 하고 절망했다면 정말 잡혀 먹었을 것이다. 청년도 부정적인 생각을 하지 않았다면 냉동실 안이 뜻밖에 전혀 춥지 않다는 사실을 느끼고 문이 열릴 때까지 견뎌내는 적극적인 대처를 했을 것이다. 긍정적인 생각은 플러스가 되는 말과 플러스의 행동을 가져온다. 긍정적인 사고를 하다

보면 저절로 자신감도 생겨 자신감 넘치는 말을 하게 된다.

시너지 효과를 가져 오는 말을 하라

우리는 흔히 '시너지'를 말할 때 1+1〉2라는 부등식을 얘기한다. 맞는 말이다. synergy는 syn=Together, ergy=Energy의 합성어다. 모두 함께 해내는 힘, 즉 팀워크를 뜻하는 것이다.

조직 생활은 누가 뭐래도 팀워크이다. 각자가 능력을 함께 모아 시너지 효과를 낼 때 조직이 발전한다. '나 하나쯤이야' 하는 안이한 생각이 시너지 효과를 저해한다. 그러면 시너지 효과를 가져 올 수 있는 말은 어떤 것일까?

첫째, 널뛰기 선수가 되어야 한다. 널뛰기는 내가 높이 오르려면 상대를 위해 힘껏 돋움질을 해줘야 한다. 그래야 상대가 높이 솟아올랐다가 힘 있게 내려오며 널판을 구르기 때문에 나는 그보다 더 높이 솟아오를 수가 있다. 상대를 높여주는 말, 찬사와 칭찬, 격려와 축복의 말을 해주면 그것이 나를 더 높이 솟아오르게 한다.

둘째, 듣기 선수가 되어야 한다. 남의 말을 열심히 들어야 하는 직업이 있다. 정신과 의사도 그 가운데 하나다. 우선 환자의 말을 들어야 환자의 정신 상태를 파악할 수 있다. 그처럼 상대의 말을 잘 들어줘야 상대도 자신의 마음속을 털어놓는다. 되도록 상대의 마음까지 듣는 공감적 경청자Empathic Listener가 된다면 큰 시너지 효과가 있다.

셋째, 감정의 은행 계좌를 만들어라. 사람은 예금과 저축 수단으로 은행 계좌를 갖고 있지만 대인관계 수단으로는 감정 은행이라는 무형의 은행을 갖고 있다고 한다. 은행 계좌는 아무래도 제한적이지만 감정 은행The Emotional Bank

Account은 한 개인이 수천 개, 경우에 따라서는 수만 개도 가질 수 있다. 상대의 가슴에 농부처럼 거름을 주는 말, 농작물을 가꾸듯 정성껏 보듬어주는 말, 따뜻한 말을 해야 한다.

천국에서 쓰는 일곱 가지 말

천국에서 가장 많이 쓴 일곱 가지 말이 있다고 한다. 한번 살펴보자.

1. 미안해요(I am sorry)

2. 괜찮아요(That's Okay)

3. 좋아요(Good)

4. 잘했어요(Well Done)

5. 훌륭해요(Great)

6. 고마워요(Thank You)

7. 사랑해요(I love You)

행복을 만드는 것은 물질만이 아니다. 한마디 말이 얼마든지 우리를 행복하게 만들 수 있다. 그런 반면에 말 한 마디, 한 마디가 우리를 불행하게 할 수도 있다. 같은 악기라도 연주자에 따라 소리가 다르듯이, 같은 말이라도 말하는 사람에 따라 얼마든지 달라질 수 있다. 천국의 말을 말버릇처럼 일상화하면 뜻밖에 하는 일들이 잘 풀릴 수 있다. 나의 천국은 나의 말로써 만들 수 있다.

여성들에게는 '사랑을 잃으면 어쩌나' 하는 은근한 조바심이 있다고 한다. 그래서 결혼생활 십년이 넘었어도 "당신, 나 사랑해?" 하고 뜬금없이 남편한테 묻는다. 필자가 여성들을 대상으로 강의를 한 적이 있었는데 실험을 해봤다. 각자 남편에게 휴대폰으로 '사랑해요'라는 문자를 보내보라고 했다.

잠시 후 여기저기서 곧바로 답신이 왔다고 좋아했다. 필자가 한번 읽어보라고 했다.

"여보, 미안해. 평소 사랑한다는 표현을 못하고 살았구려. 나도 당신을 사랑해."

물론 어처구니없고 재미있는 것들도 있었다.

"당신 무슨 일 있어?"

"어떤 놈한테 보내려던 문자를 잘못 보낸 거야?"

강의실은 웃음바다가 됐다. 이런 유머도 있다.

"이 세상에서 가장 차가운 바다가 뭐지?"

"썰렁해!"

"그럼 가장 따뜻한 바다는 뭐지?"

"사랑해"

천국에서 쓰는 말들은 대부분 감성적인 말들이다. 따뜻한 감정이 담긴 감성적인 말은 상대의 감정을 자극한다. 사랑해, 미안해, 고마워. 괜찮아…, 이런 말을 들으면 상대도 마음이 편안해진다. 대들고 싶어도 대들지 못할 것이다. 부부 사이에는 말할 것도 없고 우리의 일상생활에서 이런 감성적인 말들을 하면 사회 분위기가 따뜻하고 훈훈해 질 것이다.

Communication & Healing Speech

닫힌 말보다는 열린 말로 다가선다

폐쇄적인 언어란 마음을 닫게 하는 언어를 말한다. 일방적, 지시적, 명령적, 위협적, 단정적 언어를 구사하는 것을 말한다.

이를테면 '닥쳐!' '입 다물어!' '확실해 못하겠어?' '시끄러워!' '말도 안 되는 소리 집어치워!' '헛소리하지 마!'와 같은 것들이다.

사실 이런 폐쇄적인 언어들이 우리 사회에 넘쳐난다. 그와 같은 폐쇄적인 언어들을 자주 듣다 보면 자기도 모르게 부정적, 반항적, 비판적인 습성이 생기기 마련이다. 내면에 끊임없이 분노가 쌓이기 때문이다. 그러다가 어느 계기에 욱하고 폭발해서 인간관계가 파탄 나는 일이 흔하다.

똑같은 말이라도 얼마든지 개방적, 상호 합의적으로 말할 수 있다.

"그것보다는 이게 어때?"

"자네라면 할 수 있을 거야."

"자네 말도 맞지만 내 생각에는…,"

이러한 식으로 상대를 존중하며 합의적이고 개방적인 말을 쓰면 상대도 긍정적이고 개방적인 태도를 갖게 된다.

어린이들도 그렇다. 부모가 마구 꾸중하고 윽박지르고 강요한다고 해서 잘 따르는 것은 아니다. 어린이지만 속으로 부모에 불만을 갖게 되고 부정적인 마음이 자꾸 커진다. 그러다가 갑자기 빗나가거나 반발하기도 한다. 어린이일지라도 그의 의견을 존중해주며 "그것보다는 이게 어떨까?" 하며 합의를 끌어내야 어린이도 부모의 의견을 수용하게 된다. 그러한 것이 개방적인 언어다.

또한 개방적인 언어에는 상대에게 걸 맞는 화법이 있다. 록펠러는 누군가 자기 의견에 반대했을 때에는 우선 감정적인 반대인지, 이성적인 반대인지를 간파하는 것이 중요하다고 했다. 상대의 심리, 반대의 이유 등을 간파하지 못하면 상대를 설득할 수 없다. 옳고 그름을 떠나 감정적인 반감을 가지고 있는 상대에게 논리적으로 설명한다는 것은 시간만 낭비할 뿐이다. 역시 감정적인 설득이 뒤따라야 상대의 마음을 열 수 있다.

희망적인 얘기는 사람의 마음을 누그러뜨린다. 희망적인 말은 상대의 감정을 순화시킬 수 있다. 또한 상대에게 명분을 주어야 한다. 좋은 의도로 설명하기보다는 상대에게 이해할 수 있는 명분을 만들어주는 것이 효과적이다. 아울러 이익에 호소하는 것이 좋다. 자신의 의견이 서로 윈윈win-win할 수 있다는 사실을 설득시켜야 한다.

그 다음 사람이 우선이라는 것을 잊지 말아야 한다. 논리가 안 통할 때는 인간적으로 접근해 보라. 상대가 당신에게 의존하도록 만드는 것이 핵심이다. 곤란을 겪고 있는 사람에게 도움을 주면 그는 당신에게 의존한다. 인간적으로 접근할 때는 합리적인 사고는 잠시 잊어도 된다.

자기 마음을 드러내는 자기 메시지

솔직하게 자기 마음을 열고 개방을 주저하게 되는 것은 대개 부정적인 이야기를 하고 싶을 때일 것이다.

가령, 분노, 화, 원망, 미움, 적개심 등은 솔직하게 털어놓기보다 되도록 억제하게 된다. 특히 직장과 같은 공동체 안에서 화가 난다고 자기 마음을 그대로 드러내기는 어렵다. 대체로 스스로 참아내고 만다. 윗사람에게는 더욱 그럴 것이다.

하지만 좀처럼 불만이 사라지지 않고 갈수록 분노심이 커지고 불만이 늘어날 때는 어떻게 하는 것이 좋을까? 그것은 자기 메시지 message를 전하는 화법을 쓰는 것이다. 그 방법은 다음과 같다.

첫째, 나를 주어로 해서 대화를 시작한다. '부장님은…' '팀장님은…' 하고 상대방을 주어로 하는 것이 아니라 '저는…' '제 생각에는…' 등으로 대화를 시작하는 것이다. 그러면서 자신의 생각을 개방하는 것이다. 그것이 '자기 메시지'다.

둘째, 상대방의 문제가 되는 행동과 상황을 구체적으로 말한다.

셋째, 상대방의 행동이 나에게 미친 영향을 구체적으로 말한다.

넷째, 상대방의 말이나 행동으로 말미암아 야기된 자신의 감정을 인정하고 이것을 솔직하게 말한다.

다섯째, 내 말을 전달한 뒤에 반드시 상대방의 말을 귀담아 들어야 한다. 내 말만 하고 끝내려 하면 자기 메시지는 제대로 전달되지 않는다.

느낌표, 물음표, 쉼표

우리 인간의 삶은 동물과 다르다. 동물은 오직 본성에 따라 살아가지만 인간은 본성, 감성, 이성을 어우르며 살아간다. 특히 희로애락과 같은 다양한 감정들이 삶을 지배하기도 한다. 그에 따라 느낌표, 물음표, 쉼표와 같은 삶의 단상들이 끊임없이 이어진다.

슬픔과 기쁨, 감탄, 감동 등등 많은 감정들이 교차하지만 행복한 삶을 살려면 감탄사가 많아야 하는 것은 당연하다. 그런가 하면, 창의적이고 주도적인 삶을 위해 물음표도 있어야 한다. 물음표는 생각에서 나온다. 생각 없는 삶은 동물의 삶과 크게 다를 것이 없다. 물음표를 가슴에 지닐 필요가 있다. 물음표는 우리 삶을 풍요롭게 한다.

우리 삶에는 쉼표도 필요하다.

두 나무꾼이 있었다. 두 사람이 산에서 나무를 잘라 장작을 만들고 있었는데 한 사람은 잠시도 쉬지 않고 계속해서 일했고 또 한 사람은 50분씩 일하고 10분씩 쉬었다. 그런데 나중에 살펴보니 10분씩 쉰 사람이 장작을 훨씬 더 많이 만들었다.

쉬지 않고 일한 나무꾼이 의아해서 물었다.

"자네는 자주 쉬었는데 어떻게 나보다 더 많이 장작을 만들었지?"

"나는 10분씩 쉴 때마다 도끼 날을 갈았다네."

그렇다. 쉬는 것은 그냥 노는 것이 아니다. 재충전의 시간이기도 하다. 우리 삶에는 쉼표가 있어야 생산성, 효율성이 한결 높아진다. 쉬는 것은 힘을 비축하는 것이다. 그래서 Force는 Pause에서 나온다고도 한다.

대화도 마찬가지다. 그저 어떤 의사를 전달만 한다면 그야말로 정보 교환에 그칠 뿐이다. 대화에도 느낌표, 물음표, 쉼표가 있어야 상대의 감정을 움직일 수 있다.

사랑과 배려가 담긴 리더의 스피치

요즘 힐링, 즉 치유가 유행이다. 우리 몸 치유력의 실체는 생각과 말이다. 우리 몸에는 많은 기관들이 일사분란하게 쉬지 않고 활동하고 있으며 그러한 신체 활동을 총괄하는 것은 뇌이다. 예컨대, 몹시 화를 내면 뇌가 그 화를 우리 신체의 관련 기관에 전달해서 화에 속한 세포가 생성된다. 기쁨에 가득차면 기쁨에 속한 세포가 생성된다.

자신의 생명을 온전하게 하고 의롭게 하면 우리 몸은 자연히 치유력을 갖는다. 자신의 몸과 마음을 방치하고 홀대하면서 방탕과 중독에 빠지면 뇌가 콘트롤 능력을 잃고 정상적인 모든 작용을 무너뜨린다.

그럴수록 자신의 뇌에 강력하게 말해야 한다.

"미안하다. 용서해라, 나는 이제 올바르게 행동할 것이다."

주문처럼 수없이 그렇게 다짐하면 뇌는 그와 관련된 세포들을 만들어내 정말 그렇게 된다. 생명력을 회복시켜 주는 것이다.

대화도 그렇다. 자신이 말 잘하는 사람인 듯, 번지르르하게 포장은 하지만 알맹이 없는 말, 자기 변명만 늘어놓는 사람이 있다. "난 당신들과 달라." 하는 말투로 다른 사람을 비하하는 오만하고 교만한 대화는 절대 금물이다. 왜냐하면 그러다 보면 뇌의 작용으로 그 사람은 결국 위선적이고 교만한 사람이 되기 때문이다.

진정으로 말 잘하는 사람은 자신감과 리더십이 넘치는 스피치, 사랑과 배려가 담겨 있으며 결단력과 공감력을 가져야 한다. 이러한 사람이 우리 사회의 주류主流라고 할 수 있다. 그러면 여러 사람을 대상으로 하는 스피치는 어떠해야 할까?

첫째, 나약한 말투를 쓰지 마라. 자신에게 긍정적인 언어를 써야 호소력이 있고 공감력이 있다.

둘째, 비판을 삼가고 칭찬이나 지혜로운 동조 기술을 갖춰라. 실력을 지녔더라도 독설가가 되면 감동을 주지 못한다. 청중의 입장에서 그들에게 동조하고 되도록 비판적인 말을 삼가고 칭찬을 많이 하는 것이 효과적이다.

셋째, 불필요한 말을 하지 마라. 불필요한 말은 자칫하면 불필요한 오해를 불러일으키고 구설수를 만들 수 있다.

넷째, 상대의 말이 틀렸더라도 일단 긍정하고 자기 의견을 덧붙여라. 스피치든 대화든 그 시작은 항상 긍정적인 것이 좋다. 상대가 틀린 말을 하더라도 "네, 알겠습니다. 하지만…" 이렇게 말하는 것이 효과적이다. 무조건 첫 마디가 "아닙니다." "틀렸습니다." "잘 모르시는 말씀입니다." "절대 그렇지 않습니다." 하는 식으로 부정적으로 나오면 상대는 긴장하고 더욱 반대할 이유를 찾는다.

다섯째, 감정을 억제하고 이성적으로 말하라. 여러 사람의 얘기를 들을 때는 그 가운데 항상 삐딱한 사람이 끼어 있어서 비아냥거리기도 하고, 반발하기도 하고, 야유를 보내기도 한다. 그런 사람에게 감정적으로 대응하면 스피치를 망친다. 불쾌하고 화가 나더라도 감정적인 대응은 피해야 한다. 그럴수록 더욱 침착하게 이성적으로 말해야 청중이 스피치에 몰입한다.

여섯째, 항상 운이 좋았다고 말하라. 자신은 운이 좋았다고 말하면 마음의 여유가 생긴다. 일하는 것도 그렇다. 운이 좋다고 생각하고 기쁘게 일하면 정말 운이 굴러오기도 한다. 그것은 삶의 긍정이다. 긍정적인 대화가 긍정적인 관계를 만들어 준다. 그것이야말로 정말 운이 좋은 것이 아닌가.

말에는 감정이 있다

한 마디 말이 들어맞지 않으면 천 마디 말을 더 해도 소용없다. 그러기에 중심이 되는 한 마디를 삼가서 해야 한다. 중심을 찌르지 못하는 말일진대 차라리 입 밖에 내지 않느니만 못하다

― 채근담

언어 능력이 풍부해야
감정을 다스린다

철학자 하이데거는 언어를 '존재의 집'이라고 했다. 인간은 언어 행위를 하지 않고는 하루도 제대로 살아가기 어렵다는 의미라고 할 수 있다. 인간은 자기가 알고 있는 일이나 사실에 대해 누군가에게 표현하지 않고는 견디기 어렵다. 우리의 일상을 보면, 친구를 만나 그 동안 밀린 갖가지 소식과 겪은 일들을 주고받고, 두 명 이상이 함께 얘기하면 다른 사람이 얘기할 때 끼어들기도 한다.

또한 영화나 각종 공연, TV를 보더라도 그 내용을 놓고 친구나 배우자에게 얘기를 해야 속이 시원하다. 인간은 말을 해야 한다. 말을 하는 것은 살아 있다는 증거이다. 대화할 상대가 없으면 혼자 내면적인 대화라도 하는 것이 인간이다.

화법, 즉 말하는 법을 정의하면 음성으로 말하고 귀로 듣는 것이라고 할 수 있다. 화법의 주요 수단은 당연히 음성 언어이다. 언어를 통해 의사를 소통하는 것이다. 하지만 문명이 발달할수록 의사 소통의 매체가 음성 언어뿐 아니라 점점 다양해지고 있다.

아울러 사회가 나날이 복잡해져가기 때문에 음성 언어로만 전달하기에는 신속성, 편리성, 집단 전달성에 있어서 미흡할 경우도 있다. 그에 따라 언어를 대신해서 메시지를 전달할 수 있는 기호나 상징들이 등장했다. 다시 말해, 비언어적인 의사 소통이 언어적 의사 소통보다 더 큰 비중을 차지하고 있다.

쉬운 예로, 요즘 휴대폰은 생활 필수품이다. 초등학교 저학년 학생들까지 휴대폰을 가지고 있다. 휴대폰은 음성으로 통화하는 것이 기본 기능이다. 그에 더하여 정보 검색, 은행 업무, 쇼핑 등 수많은 영역에서 우리들의 삶에 관여하고 있다. 또한 문자와 기호 등으로 의사소통을 할 수 있으며, 특히 갖가지 기호들은 문자를 보낸 사람의 감정까지 전한다.

그러나 그와 같은 기호와 상징을 통한 감정 전달에는 한계가 있다. 문자는 더욱 그렇다. 의사 소통은 가능하지만 정확한 감정을 주고받기는 어렵다. 그보다는 음성으로 소통하는 통화가 훨씬 감정을 전달하기 쉽다. 하지만 그것도 한계가 있다. 음성 통화는 영상 통화가 있기는 하지만, 상대방의 감정을 정확히 읽어내기 어렵다. 역시 마주보고 하는 대화가 감정 전달이 수월하다. 물론 일부러 감정을 숨기고 싶을 경우도 있지만 대개 마주보며 대화를 하면 솔직하고 섬세한 감정을 전할 수 있을 뿐 아니라 상대의 감정도 읽을 수 있다.

바꿔 말하면, 우리 인간은 그때그때 여러 가지 정황에 따라서 수많은 감정을 갖기 마련이며 그러한 감정은 음성 언어를 통해 가능하다는 것이다. 상대의 감정을 정확하게 알아야만 오해를 없앨 수 있고, 서로 적절한 감정 교류를 통해 합의와 동의와 협력 등을 얻어낼 수 있다.

사실 목소리에는 말하는 사람의 다양한 감정이 묻어나온다. 심지어 어떤 원고를 낭독하더라도 말의 높낮이, 어조, 강조, 속도 등을 통해 감정이 나타난다. 사람의 말을 들어보면 그 사람의 기분이나 현재의 감정이 어떤지 쉽게 알 수 있다. 기분이 좋은지, 나쁜지, 환희에 차 있는지, 슬픔에 잠겨 있는지, 똑같은 말을 하더라도 진실인지, 거짓인지까지 구별해 낼 수 있다. 말에는 진담도 있고 농담도 있고 거짓말도 있으며 일부러 골탕 먹이려는 의도가 담긴 말도 있다. 그것까지도 말하는 사람의 감정을 통해 우리는 어렵지 않게 구별한다.

그런데 말하는 사람에 따라서 감정 조절이 잘 안 되는 사람이 있다. 목소리의 표현에 변화를 잘 주지 못하거나, 또는 자신의 감정을 지나치게 과장함으로써 듣는 사람에게 혼란을 주는 경우가 흔하다. 특히 내성적이고 소극적인 성격을 가진 사람은 목소리에 자기 감정을 충분히 싣지 못한다. 허풍과 과시가 심한 사람의 목소리는 감정이 과장될 때가 많다.

말의 기능과 역할은 정보 전달뿐 아니라 감정의 전달이다. 정보뿐 아니라 감정까지 전달되어야 진정한 의사 소통이 이루어진다. 따라서 말의 전달 효과를 높이기 위해서는 말소리를 통해 자신의 감정을 정확하게 전달할 수 있어야 한다. 그러기 위해서는 우선 말하는 사람이 자신의 감정을 정확히 파악해야 한다.

얼핏 내 감정은 내가 잘 알고 있는데 정확히 파악하라니 무슨 소리냐고 의문을 제기할 수 있다. 물론 자신의 감정은 자신이 잘 안다. 어쩌면 자기밖에 모른다. 하지만 우리나라 사람들은 그 감정 표현이 무척 서툴다는 것이다. 특히 남자들이 더욱 그렇다.

예컨대, 어떤 일로 무척 화가 나 있다면 그 이유와 화가 난 정도와 처리에 대해서 차근차근 구체적이고 정확하게 감정 표현을 해야 하는데, 감정을 표현하는 말솜씨가 부족하고, 감정이 지나치게 앞서서 제대로 자신의 의사를 표현하지 못하고 흥분하는 것이다.

집에서 남편이 아내의 잔소리가 무척 불쾌했다면, 먼저 잔소리를 듣게 된 원인을 차분하게 변명하든가, 시정하겠다고 하든가, 불쾌한 이유를 논리적으로 설명하며 오해한 부분이 많으니 앞으로 잔소리를 삼가해 달라고 부탁하든가 하면 아내와의 다툼은 쉽게 끝날 수 있다.

그런데 그런 합리적인 절차를 거치려 하지 않고, 조리 있게 말을 하지 못하며 감정만 앞서서 다짜고짜,

"밖에서 힘들게 일하고 들어왔는데 왜 이렇게 잔소리가 많아?"

하며 벌컥 화부터 낸다. 그러면 아내도 더욱 언성을 높이게 되고, 남편은 한수 더 뜬다.

"당신은 집에서 놀고먹으면서 왜 이렇게 불만이 많은 거야? 응?"

하고 따지고 들고, 아내는,

"뭐, 내가 놀고먹는다고요?"

하고 덤벼들고 느닷없이 싸움이 확대된다.

그러다가 어느 한계에 이르면 두 가지 형태가 나타난다. 하나는 남편이 귀찮다는 듯이,

"그래, 모두 내가 잘못했다. 됐냐?"

하고 우격다짐으로 부부 싸움을 끝내려 한다. 하지만 아내는 거기서 끝내지 않는다.

"뭘 잘못했는지 구체적으로 말해 봐요."

하고 나온다. 남편은 또다시 울화가 치밀어,

"어휴, 이게 정말! 내가 잘못했다는데 왜 이렇게 말이 많아? 그걸 어떻게

말하란 말야?"

하고 벌컥 화를 내 싸움이 이어진다. 또 한 가지 경우는 극단적 표현이다.

"야, 그렇게 내가 싫으면 이혼하면 될 거 아냐?"

"흥, 그러면 누가 겁낼 줄 알고요?"

"당장 이혼해!"

이렇게 맞서다가 자칫하면 정말 이른바 '홧김 이혼'으로 이어지는 경우가 있다. 모두 감정 표현 부족에서 빚어지는 일들이다. 그 밖에도 얼마든지 예를 들 수 있다.

가령 자동차 접촉 사고가 났을 경우다. 우선 차를 길옆으로 옮겨놓아 다른 차들의 소통에 지장을 주지 않도록 한 후, 차분하게 잘잘못을 따져야 한다. 쉽게 결론이 나오면 해결된다. 만일 서로 잘못이 없다고 해서 결론이 내려지지 않으면 교통 경찰관을 불러 잘잘못을 가리도록 하면 된다.

그런데 우리는 그렇지 않다. 자동차가 부딪쳐 차체에 파손이 생기면 불쾌한 것은 당연하다. 하지만 이미 저질러진 사고니까 어쩔 수 없는 일 아닌가. 자신의 잘못이 없다면 합당한 배상을 받으면 되는 것이다. 그런데 불쾌하다고 해서 다짜고짜 상대방에게 화부터 낸다.

"당신, 운전 어떻게 하는 거야?"

"당신 운전 초보야?"

심하면,

"야, 이 자식아, 눈 똑바로 뜨고 운전해, 임마!"

하는 식으로 윽박지른다. 그러면 상대방도 자신의 과실을 시인하기보다,

"왜 반말이야? 당신 몇 살인데 반말하는 거야?"

하고 엉뚱하게 나온다. 그리하여 사고의 본질은 제쳐놓고, 나이, 반말, 욕

설을 문제 삼아 싸우고 멱살잡고 주먹이 오간다. 모두 감정 표현이 부족하기 때문이다. 그럼 왜 우리는 감정 표현이 부족할까? 그 이유에 대해서 전통적인 유교 교육의 영향으로 감정을 억누르도록 학습된 영향이라고 말하는 전문가들이 있다. 일리 있는 얘기다.

거기다가 요즘에는 어려서부터 부모로부터 공부하라는 압박에 시달리는가 하면 부모의 강력한 통제로 자신의 감정을 솔직하고 정확하게 표현하는 훈련을 전혀 하지 못한 채 성장하기 때문이라는 것이다. 모두 공감이 간다. 따라서 우리 사회에는 욱하는 성질에서 비롯되는 각종 범죄 행위, 극단적인 행위들이 너무 많이 일어난다. 모두 감정 표현 부족이 원인이다.

대화를 통해 자신의 감정을 제대로 표현하려면 무엇보다 스스로 감정을 다스릴 수 있어야 한다. 말보다 감정이 앞서서 흥분하거나 정확한 감정을 담아내지 못하면 소통의 효과가 떨어진다. 그것은 성격과도 관계가 깊다.

대체적으로 외향적인 성격을 가진 사람은 목소리가 밝고, 내향적인 사람은 어둡다. 외향적인 성격의 사람은 거침없이 자신 있게 말하기 때문에 말소리가 발성 기관을 거쳐 입술 밖으로 탁 트여 밝게 나타난다. 하지만 내향적인 사람은 자신의 감정을 좀처럼 밖으로 드러내지 않을 뿐 아니라, 말하는 것도 소극적이기 때문에 입 안에서 우물거리거나 자신 있게 말을 내보내지 못해 어둡다.

우리가 기분 좋을 때와 기분 나쁠 때를 비교해 보라. 기분 좋을 때는 속이 확 트여 말소리, 웃음소리가 크게 나와 밝고 경쾌하다. 그러나 기분 나쁠 때는 모든 것이 움츠러들어 말소리도 작고, 웃음도 비웃음처럼 돼버린다. 당연히 목소리도 작고 힘없이 나오고 어둡고 음침하다. 그렇지 않으면 흥분하거나 과격해져 터무니없이 목소리가 높고 울부짖음이 되는 것이다.

말을 통해 감정 표현을 잘하기 위해서는 방금 설명한 대로 자신의 감정을 잘 다스리는 한편, 긍정적인 마음으로 확신에 찬 말소리를 내야 한다. 또한 평소에 감정 표현 능력을 훈련시켜야 한다. 인간관계가 아니라 먼저 어떤 사물을 보고 그것을 표현해보는 연습을 하는 것이다. 음식의 정확한 맛 표현, 날씨나 꽃 등에 대한 섬세한 표현을 연습하는 것도 좋은 방법이다. 음식의 정확한 맛 표현은 생각보다 쉽지 않다. 그저 맵다, 짜다, 달다는 단조로운 표현이 아니라, '매우면서도 단맛이 있고 감칠맛이 있다'와 같이 맛을 정확하게 헤아려서 표현해 보는 것이다. 날씨나 꽃도 마찬가지다. 그냥 춥다, 덥다, 쌀쌀하다가 아니라 좀 더 세밀하게 표현해 보고, 꽃도 아름답다는 단순한 표현보다 어떻게 아름다운지 좀 더 구체적으로 표현하는 연습을 해보는 것이다.

처음에는 상당히 어렵다. 하지만 혼자서 그와 같은 훈련을 계속하면 어휘력이나 표현력이 늘어난다. 말하는 언어 능력이 풍부해져야 감정을 다스릴 수 있다. 언어 능력, 표현 능력이 부족하기 때문에 욱하게 되고, 감정이 앞서게 된다.

자존심을 내세워
감정을 나타내지 마라

인간의 특성 가운데 결코 빼놓을 수 없는 것이 자존심이다. 자존심은 곧 자신의 정체성, 자존감, 자신의 가치 등을 나타내기 때문에 자존심을 상하면 굴욕으로 여기고 분노한다. 그래서 때로는 자기가 잘못했으면서도 변명을 늘어놓고, 엉뚱한 소리를 하며 적반하장으로 오히려 큰소리를 치기도 한다. 모두 자존심 상하는 것을 꺼리기 때문이다.

또한 인간은 누구나 인정받기를 원한다. 자존심과 인정은 함께 하는 경우가 많다. 인정을 받으면 자존심이 높아지는 것이다. 자존심이 손상을 받게 되면 자신을 인정하지 않고 무시하고 얕보는 것 같아 화를 내는 것이다. 또 자존심과 체면은 비슷하다고 볼 수 있다.

우리는 지나치게 체면을 중시한다. 체면을 지키려고 애를 쓰고 체면을 상하면 견디지 못한다. 그 때문에 잘못했어도 좀처럼 시인하지 않으려 하고, 사과하지 않으려고 한다. 그러면 체면이 상하기 때문이다. 결국 자존심, 인정,

체면은 서로 비슷한 것인데 문제는 그것을 지나치게 내세울 때 발생한다. 남이야 어찌되든 자존심을 내세우려 하고, 인정받기 위해 과장하고, 체면을 세우기 위해 가식적이고 위선적인 행동을 한다.

때로는 겸손, 배려, 용서와 같은 긍정적인 심성도 자존심과 체면을 상하는 일로 착각하고, 능력도 없으면서 인정해 주지 않으면 분개한다. 아무튼 이러한 자존심, 체면, 인정은 자신이 말로 아무리 주장해봤자 소용없다. 남들이 알아줘야 하고, 자존심이나 체면에 걸맞게 올바른 일, 당당한 일, 칭찬받을 일을 해야 하는 것이다. 예를 들어 범죄자나 온갖 비리를 저지르는 자가 자기 자존심과 체면을 내세운다고 해서 그것이 받아들여지겠는가.

우리는 자존심 때문에 남을 무시하기도 하고, 좋았던 인간관계를 무너뜨린다. 또한 자존심 때문에 거짓된 행동, 거짓된 감정 표현을 하기도 한다. 자신을 낮추거나 남을 배려하는 것을 자존심에 상처를 입는 것으로 착각한다.

여기서 강조하려는 것은 대화하는 과정에서 자존심 때문에 감정 표현을 못하거나 감정을 감추지 말라는 것이다. 더욱이 자신의 감정을 거짓으로 표현하면 오해가 생기기 쉽다. 어린아이가 넘어져 무릎이 까졌을 때, 울음을 참고 안 아픈 척 하는 것은 아프다며 울음을 터뜨려 자신의 감정을 표현할 수 있지만, 자신이 강하다는 것을 보이기 위해 애써 참는 것이다.

우리도 대화의 과정에서 그와 같이 감정을 억누르고 참아야 할 경우도 있다. 하지만 대개의 경우, 자존심 때문에 자신의 감정을 거짓으로 표현하지 말라는 것이다. 속으로는 큰 고통을 받으면서도 "그까짓 것에 나는 눈 하나 깜짝 안 해."라고 말하거나, 경쟁자가 상당히 두각을 나타냈을 때, 속으로는 심한 질투와 시기심으로 부글부글 끓으면서도 "그 자식은 운이 좋은 거야." 하는 식으로 자신의 감정을 솔직히 드러내지 못하는 것은 자존심 때문이다.

대화를 할 때 누구나 자기 위주로 말하지만 솔직한 감정을 표현해야 할 때는 솔직해져야 진정한 의사 소통이 이루어진다. 자존심보다 솔직함과 정직이 우선이다. 대화의 과정에서 자신에게 아무리 불리하더라도 잘못을 인정할 것은 인정하고, 사과할 것이 있으면 솔직하게 사과하고, 용서를 빌어야 할 일이 있다면 정중하게 용서를 빌어라. 그것이 자존심을 지키기 위해 거짓 변명을 늘어놓는 것보다 인간관계에서 훨씬 효과적이다.

우리 속담에 '말로 천 냥 빚을 갚는다'는 말이 있다. 겸손한 말, 정직하고 솔직한 말, 자신을 낮추는 겸손한 말, 상대의 감정을 헤아리는 이해심이 말에서 배어나오면 상대방도 너그러워지고 관대해진다. 대화에서 자존심을 내세우면 소통은 단절된다. 자신의 자존심을 위해 필요 이상으로 과장해서 화를 내거나 상대방을 다그치는 것은 금물이다.

부정적 감정,
부정적 마인드에서 탈바꿈

대화에서 긍정적 마인드와 부정적 마인드에 대해서는 자주 설명했다. 그만큼 영향이 크기 때문이다. 말과 감정에 있어서도 예외일 수 없다. 긍정적 마인드를 가지면 말과 감정이 긍정적으로 되지만 부정적 마인드를 가지면 그 반대가 된다. 부정적인 말과 감정은 대화를 통한 소통을 막을 뿐 아니라 인간관계까지 망가뜨리기 쉽다.

특히 말에서 부정적인 감정에 매달리지 말아야 한다. 앞에서 언급했듯이 우리는 말보다 감정이 앞서는 경우가 많기 때문에 부정적인 감정이 앞서면 말도 부정적으로 나올 수밖에 없다. 그것은 소통이 아니라 자칫하면 시비를 일으킬 수 있고, 상대방을 불쾌하게 만들며, 갈등을 야기한다.

같은 말이라도 말하는 사람, 듣는 사람에 따라서 느끼는 감정이 다르다. 말하는 사람이,

"당신은 정말 멋진 분이에요. 나는 당신을 좋아하거든요."

라고 했을 때, 어떤 사람은 그 말을 의심하고 기분 나쁘게 생각하며,

"흥, 나한테 아부하고 있구만. 나한테 무엇인가 얻어내려는 게 분명해."

라고 생각한다. 또 어떤 사람은 슬픔을 느끼기도 한다.

"그의 말을 곧이곧대로 믿지 말자. 그는 그저 나를 위로하려고 가식적인 말을 하고 있는 거야. 진심으로 하는 말이 아니라고."

하며 부정적으로 받아들인다. 그러나 기분 좋게 받아들이면,

"허허, 그 사람이 나를 좋아하는구나. 정말 기분 좋은 일이야."

라고 생각하게 된다. 이렇게 똑같은 칭찬의 말이라도 반응은 제각각일 수 있다. 그것이 긍정적인 마인드와 부정적인 마인드의 차이다. 우리에게는 누구나 부정적인 감정들이 있다. 두려움, 분노, 죄의식, 상실감, 패배감, 좌절감, 무력감…, 얼마든지 있다. 우리는 이러한 부정적인 감정들을 모조리 제거하기는 어렵다. 당연히 긍정적인 감정만 갖기도 어렵다. 때로는 부정적인 감정이 자신을 분발시키기도 한다.

그러나 긍정적인 마인드를 갖도록 스스로 노력하고, 부정적인 마인드는 제거시켜 나가야 한다. 그래야 상대의 말을 긍정적으로 받아들일 수 있고, 자신도 긍정적인 말을 하게 된다. 가장 경계해야할 것이 분노, 적개심, 증오와 같은 부정적인 감정이다. 그러한 감정으로 내면이 차 있으면 모든 것이 못마땅하고 모든 것이 부정적으로 보인다. 입에서 좋은 말, 부드러운 말이 나올 수 없다. 자기도 모르게 시비 거는 말, 거친 말, 공격적인 말이 나옴으로써 상대방을 자극하고, 자신을 회피하게 만든다.

예를 들어 상대방이 "오늘은 참 기분이 좋다."라고 했을 때, 마음속에 분노와 적개심이 내재되어 있는 사람은,

"누구 약 올리는 거냐?"

"그래서 어쩌자는 거야?"

"뭐가 기분 좋아?"

하고 시비를 걸거나 다투려 한다. 모두 내면의 부정적인 감정이 작용하기 때문이다. 그러면 상대방은 당황하거나 심기가 불편할 수밖에 없다. 말하는 사람은 되도록 긍정적인 말을 하도록 해야 하고, 듣는 사람도 그것을 긍정적으로 받아들여야 한다. '한강에서 뺨 맞고 남대문에서 화풀이한다.'는 우리 속담도 있다. 다른 일로 기분이 나빠졌는데 엉뚱한 사람에게 화풀이를 하는 경우도 있다. 아무런 관련도 없고 잘못도 없는 사람이 느닷없이 봉변을 당하는 것이다. 모두 감정을 조절 못하고 말보다 감정이 앞서는 탓이다.

자신이 부정적인 마인드가 강하다고 생각되거나, 그에 따라 항상 부정적인 감정의 지배를 받고 있다고 판단되면 적극적으로 시정하지 않으면 안 된다. 대화하는 상대방을 곤란하게 만들거나 감정을 상하게 해서 잘못하면 큰 시비가 벌어지기도 한다.

근래에 일어나는 어처구니없는 사건들이 대부분 그러한 부정적인 감정에서 비롯된 것이다. 가령, 선후배가 술 마시다가 시비가 일어나 칼부림으로 숨지게 했다거나, 절교하자는 말에 연인을 흉기로 찔렀다거나 하는 사건들 말이다. 자신의 감정을 올바르게 다스려야 긍정적인 말이 나온다.

인간의 감정은 언어 능력을 키운다

심리학자들은 오랜 논쟁 끝에 인간에게는 뇌 신경 회로에서 발생하는 여섯 가지 감정이 있다는 것에 동의했다. 공포, 분노, 놀라움, 기쁨, 고통, 혐오의 여섯 가지가 그것이다. 이러한 감정들은 의식적으로 즉시 제어할 수 없다. 또한 이러한 기본 감정을 표현하는 얼굴 표정들은 문화권에 관계없이 보편적으로 동일하다는 것이다.

이러한 감정들은 인류 진화의 초기에 생겨났으며 인류의 생존에 중요한 역할을 한 것으로 여겨진다. 인간은 이러한 기본 감정 이외에 30가지 정도의 감정을 더 가지고 있다고 한다. 초조, 죄책감, 부끄러움, 격분, 만족, 희열, 황홀, 긍지, 감사, 사랑 등의 복잡한 감정들로써 인류의 진화 과정의 나중에 나타났으며, 여섯 가지 기본 감정 가운데 두 가지 이상이 섞인 것이라고 한다. 심리학자 셀로비 박사는 다음의 다섯 가지로 감성 지능을 정리했다.

1. 자신의 감정을 인식하는 능력

걸핏하면 화를 잘 내는 사람은 대개 자신이 화를 잘 낸다는 사실을 인식하지 못한다. 주위에서 화를 돋우기 때문에 화를 내는 것이라고 항변한다. 자신이 화를 잘 내는 타입이라는 것을 인식하지 못하는 것이다.

항상 순간적으로 감정을 탐지하는 능력은 심리적 통찰력과 자기 이해에서 없어서는 안 될 능력이다. 자신의 감정을 인식하는 능력이 있어야 한다. 자기 감정을 인식하지 못하는 사람은 감정의 노예가 되기 쉽다.

2. 자신의 감정을 조절하는 능력

감정 조절 능력이란 자기 감정의 반등을 조절하는 능력을 말한다. 분노 또는 기쁨과 같은 일차적인 기본 감정 상태에서는 직선적인 행동이 유발되기 쉽다. 그러한 충동적인 행동을 후천적으로 습득된 유머나 반어법 등 교양 있는 행동 양식을 통해 보충하거나 대체하는 능력을 감정 조절 능력이라고 할 수 있다.

자신의 감정을 잘 다루어서 적절히 발현할 수 있도록 하는 능력은 자기 인식을 바탕으로 구축된다. 감정 조절 능력이 부족한 사람은 대인관계에서 큰 어려움을 겪거나 고뇌의 감정과 싸워야 하는 고통이 있다. 하지만 조절 능력이 뛰어난 사람은 인생에서 실패와 혼란을 겪더라도 다시 일어서서 더 높이 도약할 수 있다.

3. 타인의 감정을 인식하는 능력

타인의 감정을 인식하는 능력은 인간관계와 사회생활에 중요한 기능과 역할을 한다. 다른 사람의 감정을 인식한다는 것은 타인의 감정이 감성적 자기 인식을 통해 이입되는 것을 말한다. 따라서 감정 이입형의 인간은 인간관계의 능력도 뛰어나다.

다른 사람이 무엇을 원하면 어떠한 감정을 가지고 있는지 민감하게 파악해야 감정 이입이 가능하다. 그러자면 상대방에게 집중해서 그의 표정과 감정 흐름을 예민하게 살피고 그의 말을 신중하게 경청해야 한다.

4. 인간관계를 관리하는 능력

다른 사람의 감정을 잘 관리하는 기술을 말한다. 다른 사람과의 관계를 어떻게 형성하고, 감정적 대립과 갈등이 생겼을 때, 이것을 얼마나 정확히 인식하고 대처해 나가며 해결할 수 있는가 하는 능력이라고 할 수 있다.

5. 자신에게 동기를 부여하는 능력

목표 달성을 위해 감정을 잘 조절해 나가면 주의 집중과 동기 부여, 자기 극복, 창의성 증가에 큰 도움을 받는다. 순간적인 희열을 잠시 멈추고 충동을 억제하는 자기 감정의 통제, 지속적인 끈기, 낙관적 인식, 자신감 그리고 패배와 실패를 극복하는 능력이다. 좌절감, 패배감, 상실감과 같은 감정을 잘 조절하고 스스로 동기를 부여할 수 있어야 위기를 극복하고 더욱 도약할 수 있다.

위의 다섯 가지와 직접적인 관련은 없지만 요즘 기업 경영에서 '감성 경영' emotional management이라는 용어가 자주 쓰인다. 감성 경영은 고객이나 직원의 감성에 그들이 좋아하는 자극이나 정보를 전달함으로써 기업 또는 제품에 대한 호의적인 반응을 일으키는 경영 방식을 말한다.

다시 말해, 감성 경영은 리더십, 조직 운영, 인사 관리 등 모든 경영 활동에 감성을 반영하는 것이다. 머리뿐 아니라 가슴으로까지 접근하는 경영 기업이라고 할 수 있다. 실질적으로 위기, 스트레스를 잘 관리하고 타인과 신뢰성을 바탕으로 좋은 관계를 맺으며, 직장이나 가정에서 자신의 역할을 충실히 할 수 있다는 장점이 있다.

　사실 우리 인간은 머리, 즉 이성만으로 살아가는 것이 아니다. 이성 못지않게 중요한 것이 감성이다. 그것은 인간과 동물과의 차이이다. 감성을 키워나가면 대인관계가 부드럽고 원만해진다.

감성 지능을 살려
열정지수를 높이자

'감성^{感性}'을 사전적으로 정의하자면 '어떤 사람이나 특정 상황에 대해서 갖는 정서적 느낌'이다. 감성은 우리의 이성적인 판단과 행동에 큰 영향을 미치는 요소이다.

이러한 감성은 크게 즐거움, 행복, 희망, 기쁨 등과 같은 '포지티브positive 감성'과 분노, 우울, 좌절, 공포와 같은 '네거티브negative 감성'으로 구분할 수 있다. 우리말로 하자면 긍정적 감성과 부정적 감성이라고 할 수 있다.

포지티브 감성을 효과적으로 관리하면 구성원들의 신뢰와 열정, 몰입, 창의성, 생산성 등에 상당한 도움을 줄 수 있다. 반대로 네거티브 감성을 방치할 경우, 심각한 문제점들을 야기하기도 한다. 네거티브 감성에 젖어 있을 경우, 정확한 정보 처리가 어렵고, 집중력이 떨어져서 비합리적인 의사 결정을 할 가능성이 높다. 또한 동료들과의 화합이나 대인관계에 있어서 좋지 않은 영향을 준다. 더욱이 조직체의 경우, 네거티브 감성이 전염병처럼 번져나갈 우려도 있다. 따라서 네거티브 감성 관리가 무엇보다 중요하다.

미국에서 기업을 대상으로 조사한 통계에 따르면, 약 23%가 긍정적인 감성을 갖고 있는 반면에 약 77%가 부정적인 네거티브 감성을 가지고 있는 것으로 나타났다.

우리 사회도 마찬가지다. 부정적인 감성이 늘어날수록 사회가 불안해진다. 날이 갈수록 그런 경향이 증가되는 양상을 보인다. SNS 등을 살펴보면 잘 알 수 있다. 개인생활에서도 네거티브 감성에 빠져 있으면 대인관계가 원만하지 못하고 자기 발전에 큰 지장을 초래한다.

개선 방법은 스스로 열정을 관리할 수밖에 없다. 기업이나 조직에서는 리더의 성향이 크게 영향을 미치지만 개인 생활, 가정 생활에서는 각 개인이 스스로 투철한 목표 의식과 도전 정신을 가지고 자신의 감성을 관리하고 조절함으로써 네거티브 감성을 갖지 않도록 적극적으로 노력해야 한다. 그러기 위해서 열정을 어떻게 관리해야 하는지 살펴보자.

열정과 생산적인 의욕을 갖기 위해서는 에너지 생성과 충전이 필요하다. 우리 몸의 에너지에는 긴장된 상태의 에너지와 정적인 상태의 에너지가 있다. 긴장의 에너지는 스트레스, 압박감 그리고 불안에 의해 생성되는 에너지다. 정적인 에너지는 정신이 맑은 상태에서 무엇이든 할 수 있는 준비가 되어 있는 낙관적인 상황에서 발휘되는 에너지다.

정적인 에너지가 증가할수록 더욱 많은 것을 성취할 수 있으며, 그와 함께 긴장의 에너지는 줄어든다. 또한 전략적인 휴식 기간을 갖게 될 때, 그만큼 정적인 에너지가 늘어난다. 그래서 전략적 휴식을 '2보 전진을 위한 1보 후퇴'라고도 한다. 따라서 쉬어야 할 때 효과적으로 휴식을 가져야 좋은 에너지를 충전할 수 있다. 휴식은 그냥 노는 것, 일 안 하고 노는 것이 아니다. 재충전의 시간이다. 좋은 에너지가 넘쳐야 열정이 솟고 의욕이 더욱 강해진다. 정적인 에너지를 충전한 사람은 말에도 힘이 있고 자신감이 넘쳐 있으며 긍정적이다. 또한 그런 태도는 상대방에게 깊은 신뢰감을 주고 불안감을 제거해 준다.

앞에서도 설명했지만, 누구나 자기만의 재능을 타고 난다. 문제는 어떻게 그러한 재능을 개발하고 그것을 통해 어떻게 의미 있는 것을 추구하느냐 하는 것이다. 그러기 위해서는 누구보다 열정적이고 의욕적이어야 한다. 자신감 있는 대화, 열정적인 대화, 의욕 넘치는 대화를 통해, 자신의 재능을 계발해 나갈 때 남들도 그의 능력을 인정한다.

긍정적인 열정을 가져라. 그리고 열정적인 대화를 통해 많은 사람들에게 열정을 전염시키고 각인시켜라.

아울러 휴식을 취할 때는 모든 구속에서 벗어나 화끈하게 쉬어라. 그것은 재충전을 위한 일탈이어야 한다. 휴식한다고 집에서 잠이나 자거나 소파에 누워 TV나 시청하면 에너지가 재충전되지 않는다. 아무런 정신적 부담이 없는 등산, 낚시, 운동, 여행 등을 하면서 에너지를 충전해야 한다.

감성 습관을 길러
말에도 감성을 깃들인다

미국의 성공 철학자이자 작가인 지그 지글러는 "습관은 좋은 습관이냐, 나쁜 습관이냐에 따라 우리를 정상으로 끌어올릴 수도 있고, 밑바닥에 묶어 둘 수도 있다."고 했다.

우리가 끊임없이 내리는 수많은 결정들은 의식적이라기보다 거의 무의식적 선택인 경우가 많다. 음식을 먹는 것도 음식을 떠서 입에 넣고 씹지만, 사실 손과 입은 뇌에 입력된 정보에 의해 기계적으로 움직이고 있을 뿐이다. 우리는 음식 먹는 행위를 전혀 의식하지 않는다. 무의식적으로 그렇게 한다. 하지만 우리는 자신이 판단하고 결정을 내린다고 착각한다.

그것은 지금까지 살아오면서 자기도 모르게 뇌에 입력된 바코드가 무의식적으로 우리의 행동을 지배한다. 그 바코드는 우리의 행동을 실질적으로 지배한다. 우리는 그것을 '습관'이라고 한다.

습관은 하루아침에 생기는 것이 아니다. 습관은 아주 어렸을 적부터 형성된다. 그리고 전 생애를 통해서 더욱 견고하게 굳어간다. 따라서 습관이 바뀔 수 있는 유연성도 상당이 적다.

'습관의 힘'은 '우리가 어떤 모습으로 살아가야 할까'라는 인생의 근본적인 의문에 답을 제공한다. 즉 살아가면서 양질의 유익한 정보를 계속해서 자신의 무의식 영역으로 받아들여 그것을 삶 속에서 실천해야 한다는 것이다. 그럴 때 우리는 좋은 습관을 갖게 되고 그 습관의 힘이 자신의 삶을 성장시키는 원동력이 된다.

말 역시 습관에 큰 영향을 받는다. 좋은 습관을 지니고 있느냐, 나쁜 습관을 지니고 있느냐에 따라 입에서 나오는 말이 다르다. 이미 어려서부터 꾸준히 형성되어 온 말의 습관이 무의식적으로 그대로 나타나는 것이다. 그것이 말의 습관, 즉 '말투' '말버릇'이다.

원만한 인간관계와 성공적인 삶을 살고자 한다면, 진정으로 행복하고 싶다면 좋은 말버릇이 있어야 한다. 유감스럽게도 일찍이 좋지 않은 말버릇을 고치지 못했다면 지금부터라도 당장 말버릇 고치기를 시작해야 한다. 이미 말했듯이 길들여진 습관은 쉽게 고치기 어렵다. 그래서 두 배, 세 배의 노력이 필요하다. 하지만 자신의 인생을 위해 반드시 필요한 노력이다. 강한 신념을 갖고 의도적으로 노력하지 않으면 안 된다. 그러기 위해서는 자신의 입에서 말이 나오게 하는 생각의 습관부터 개선해야 우리의 뇌가 새로운 정보를 입력할 수 있다. 예를 들면 다음과 같은 것들이다.

＊ 모든 일을 플러스로 생각하는 습관
＊ 뚜렷한 목표를 세우고 그 목표에 도전하는 습관
＊ 부지런한 습관

＊ 작은 성공을 쌓는 습관

＊ 인내력을 기르는 습관

＊ 메모하고 검토하는 습관

＊ 약속을 철저히 지키는 등 성실하고 신용을 쌓는 습관

＊ 어떤 목표에 대한 실현 이미지를 그리는 습관

이와 같은 행동들을 꾸준한 노력으로 길들여 나가면 자신의 뇌가 그것을 유용한 정보로 인식하고 이미 입력된 그릇된 습관들을 차츰 개조해 나가며 새로 입력한 정보를 무의식을 통해 발현한다.

그 첫 과정이 바로 말이다. 차츰 자신의 말이 달라지는 것이다. 좋지 못한 말버릇이 새로운 정보의 입력에 따라 좋은 습관에 맞는 좋은 말, 긍정적인 말, 발전 지향적인 말을 자신의 입을 통해 내보내게 되는 것이다. 간단히 말해서 좋지 않은 습관을 고치면 그에 따라 자신의 말버릇도 저절로 고친다.

행복은 습관이다

아일랜드의 한 농부는 유머가 넘치고 항상 노래를 부르고 휘파람을 부르는가 하면 일하는 동작도 무척 경쾌했다. 누가 보더라도 행복이 넘치는 농부였다. 마을 사람들이 그에게 당신처럼 행복할 수 있는 비결이 무엇이냐고 물었다. 농부는 웃으면서 대답했다.

"아주 간단합니다. 행복해지는 것이 내 습관이거든요. 나는 매일 아침 잠에서 깨어날 때, 또 잠자리에 들 때마다 나는 나의 가족들과 농작물 그리고 가축들을 축복하고, 자랑스런 수확물에 대해 늘 감사를 드립니다."

그렇다. 행복도 하나의 습관이다. 누구든지 행복한 마음으로 살아가면 행

복해진다. 작고 적은 것에도 기뻐하고 감사한 마음을 가지면 행복할 수밖에 없다. 대부분의 불행은 인간의 탐욕에서 온다. 너무 많은 것을 가지려 하고, 남보다 더 가지려고 하고, 남에게 이기려는 욕심 때문에 행복할 수 없다. 그러기 위해서 다음 몇 가지를 참고할 만하다.

* 단순하게 생각하라. 그러면 말도 단순해진다.
* 어떤 결과를 지나치게 두려워하지 마라. 그러면 당신은 자신감 있는 말을 한다.
* 일을 즐겨라. 그러면 당신은 항상 즐겁고 유쾌한 말을 하게 된다.
* 지금의 생활에 만족하라. 그러면 당신은 부정적인 말을 하지 않게 된다.
* 사람들과 만나면 항상 유쾌하고 긍정적인 말을 하라.
* 문제를 피하지 말고 당당하게 맞서라. 그러면 당신의 말도 당당하다.
* 살아가는 순간순간이 모두 성공이라고 생각하라. 당신은 성공적인 말을 하게 된다.
* 계획 속에 살아라. 그러면 당신은 미래 지향적이고 희망에 넘치는 말을 하게 된다.
* 좋지 않은 것은 빨리 잊어버려라. 그러면 당신은 좋지 않은 말, 험담, 욕설 등의 부정적인 말도 함께 잊어버린다.

자신의 감정에 충실하라

인간은 감성적인 동물이다. 자신이 부딪히는 상황마다 자기만의 감정을 갖는다. 그런데 우리는 되도록 자신의 감정을 숨기려고 한다. 지나치게 남을 의식하기 때문이다. 미칠 듯이 기뻐서 껑충껑충 뛰고 싶어도 점잖게 억누르고,

소리 내어 울고 싶어도 입술을 깨물며 참는다.

해외 여행을 가더라도 내적 즐거움보다 외적인 행동에 치중한다. 부지런히 사진을 찍어대고, 깊이 있게 한 곳에 집중하기보다 되도록 많은 곳을 가려고 한다. 물론 추억을 만들고 보다 많은 체험을 위해 그럴 수 있겠지만, 여행한 뒤에 남들에게 보여주고 자랑하기 위해 외적인 행동에 치중하는지도 모른다. 그러다 보면 자신의 진정한 감정은 억눌려 묻혀 버린다.

체면 때문에 지나치게 남을 의식하는 것은 바람직한 행동은 아니다. 끊임없이 자신의 솔직한 감정을 억누르고 감추다보면 그것이 습관이 된다. 그래서 우리나라 사람들의 감정 표현이 서투르다. 남을 의식하지 말고 자신의 감정에 충실해 보자.

당연히 다른 사람들의 분위기를 깨뜨리고 질서를 무시하는 것은 곤란하지만 최소한 자기 혼자 있을 때라도 자기 감정을 마음껏 드러내 보라. 뜻밖에 통쾌함과 시원함을 느낄 것이다. 그리하여 쌓여진 갖가지 스트레스들도 함께 사라질 수 있다. 아울러 긍정적인 마인드를 가져 유쾌한 말, 긍정적인 말을 할 것이다.

또한 너무 완벽하려고 하지 마라. 사실 신이 아닌 이상 매사에 완벽할 수는 없다. 조금 부족하고 모자란 듯한 것이 매력이 될 수도 있다. 완벽하려고 애쓰기 때문에 자기 감정을 잘 드러내지 못한다.

자기 감정에 충실하라는 말을 좀 더 쉬운 말로 하자면 '그때그때 기분을 풀어라'가 될 것이다. 여자들은 수다로도 기분을 잘 푼다. 수다를 통해 자신의 내적 감정까지 표출할 수 있다. 남자는 여자보다 자신의 내적 감정을 잘 풀지 못하기 때문에 욱하고 폭발할 때가 많은 것이다. 자신의 내적 감성을 잘 드러내는 사람은 말투가 부드러워지고 감성이 풍부해진다.

마음을 따뜻하게 해주는
말투를 배워라

마치 조직 폭력배나 밑바닥의 막가는 인생처럼 거친 말, 욕설을 입에 달고 사는 사람이 성공할 확률은 거의 없다. 말은 그야말로 인격이다. 천한 말을 하는 사람은 천하고, 무식한 사람은 무식한 말을 하고, 부정적인 사람은 부정적인 말만 하기 마련이다. 혹시라도 자신의 말투가 거칠거나 저속하다면 고쳐야 한다. 그것은 스스로 자신의 인격을 떨어뜨리고 신뢰감을 빼앗는 일이다.

말이란 일정한 수준을 갖춰야 하고, 부드럽고 긍정적이며 자연스러워야 한다. 그것은 물론 언제나 평상심을 유지해야 부드럽고 긍정적인 말이 나오는 법이다.

한 가지 예를 들어보자. 예컨대, "요즘 어떠십니까?" 하는 평범한 인사를 받았다고 하자. 그에 대한 대답은 긍정형, 평범형, 부정형에 따라 차이가 있다.

부정형은 입버릇처럼 "요즘 별로예요." "죽을 지경이에요." "제가 뭐, 좋을

106

때가 있습니까?" "묻지 마세요, 죽지 못해 삽니다." 등등으로 대답한다. 평범형은 "그저 그렇죠." "그저 견딜 만합니다." "대충 돌아갑니다." "그냥 먹고 살죠."라고 대답하고, 긍정형은 "아, 좋습니다." "괜찮게 돌아갑니다." "네, 요즘 기분이 좋습니다." "요즘은 정말 살맛이 납니다." 등등 자신 있게 대답한다. 당신은 과연 어떤 유형인지 한번 생각해 보라.

시간과 말은 모든 사람에게 공짜로 주어진다. 시간을 어떻게 활용하느냐에 따라 그 사람의 인생이 달라지듯이, 말을 어떻게 하느냐에 따라 천 냥 빚도 갚을 수 있고 다른 사람들에게 미움을 살 수도 있다. 자신이 자주 쓰는 말을 분석해 보면 자신의 미래를 예측해 볼 수 있다.

또한 구설수口舌數, 설화舌禍라는 것이 있다. 한마디 말 실수로 곤욕을 치루는 경우가 구설수, 설화이다. 구설수는 대개 남의 말을 함부로 했다가 피해를 입은 사람이 강력하게 항의하거나, 어느 조직이 부당하게 매도당했다며 집단 반발하는 경우에 생겨난다. 설화 역시 확실하지 않은 사실을 함부로 말했다가 그것이 큰 문제가 되는 것이다. 한번 내놓은 말은 도로 담을 수 없다. 감정도 그렇지만 말은 항상 조심해야 하며 자신의 말에 책임질 수 있어야 한다. 성공한 사람들의 말투를 분석한 자료에 따르면 대략 다음과 같다.

1. 성취를 다짐한다.
2. 작은 성공이라도 서로 축하해 준다.
3. 실패를 나무라기보다는 성취를 인정한다.
4. 화를 내기보다는 유머를 즐긴다.
5. 남을 탓하기 전에 자신을 탓한다.
6. 상대방의 장점에 초점을 맞춘다.

7. 부정적인 말보다 긍정적인 말을 한다.

8. 상대방을 기분 좋게 호칭해서 부른다.

9. 노래방에 가서도 긍정적인 노래를 부른다.

참고가 될 것이다. 필자가 서울 충무로의 어느 김밥 집에서 경험한 일이 있다. 이 집에서 김밥을 먹다가 여느 김밥 집과 다른 점을 우연히 발견했다. 이 김밥 집 주변에는 기업체들이 많아서 매장에서의 판매보다 배달이 많은 듯했다. 아르바이트하는 대학생들로 보이는 배달원이 여러 명 있었다.

그들이 부지런히 배달하고 돌아오고, 또 배달을 나가는 등 쉴 새 없이 바빴다. 그런데 김밥 집 주인은 그들이 들어왔다가 다시 배달을 나갈 때마다 "좀 쉬어라." "천천히 다녀와." "조심해서 다녀와." "땀을 흘리는구나. 물 좀 마시고 해." 등등 일일이 관심을 보이며 격려하는 등 정이 넘치는 따뜻한 말을 해 주는 것이었다.

필자는 참 자상한 분이구나 하고 생각했다. 나중에 알아봤더니 그 주인은 우리나라에서 둘째가라면 서러워할 김밥의 대가라고 했다. 한 분야에서 최고를 달리는 사람이 이렇게 친절하고 상대를 배려하는 자세가 흐뭇했다. 배달하는 아르바이트 대학생들은 틀림없이 최선을 다해 열심히 일할 것이다. 성공하려면 다그치고 명령하고 윽박지르고 재촉하는 것보다 그처럼 따뜻한 말투, 배려가 담긴 말투를 써야 한다. 옛말에도 '말이 씨가 된다'고 했지만 말투 하나가 전체를 망쳐 놓을 수도 있으며, 잘못 쓴 말투가 씨앗이 되어 상대를 적으로 만들 수도 있다.

필자가 강의할 때 강조하는 단어가 있다. 'WOW!'다. 상대의 말에 긍정적으로 반응을 보이는 것이다. '와우!'는 좋다, 감격스럽다, 놀랍다 등으로 해석할 수 있을 것이다. '끝내준다'도 괜찮다.

"와우, 당신 얘기 정말 끝내주는데."

"와우, 정말 잘했어. 당신 끝내주는구나."

"와우, 맞아. 당신 얘기가 가장 좋은 방법이다. 정말 끝내준다."

이런 반응을 보이면 상대방은 무척 기분이 좋을 것이다. 그와 같은 긍정적인 마인드를 가지려면 항상 감사하는 마음가짐을 가져야 한다.

"감사합니다." "행복합니다."를 입에 달고 살라. 아주 사소한 것에도 감사하고 사소한 도움에도 행복하라. 그러면 하루하루가 즐겁고 긍정적인 마인드로 변화한다.

앞에서 얘기했지만, 한번 쏟아놓은 말은 다시 주워 담을 수 없다. 시위를 떠난 화살과 같다. 항상 신중해야 하고, 감정 표현이 풍부해야 한다. 또한 지금까지 강조했지만 말투도 몹시 중요하다.

목소리가 큰 사람은 허풍과 과장이 많고, 애매모호하게 말하는 사람은 자신이 없거나 거짓말이 많다. 수다를 떠는 사람은 진실성이 약하고, 과격하게 말하는 사람은 억지가 많다. 사랑의 말은 상처를 치유하고 부주의한 말은 분쟁을 초래한다. 격려와 칭찬은 신나게 한다. 말은 곧 그 사람의 인격이다. 말투에 모든 인격이 드러나기 마련이다.

골즈워디라는 사람은 "사람의 눈은 그의 현재를 말하며, 입은 그가 앞으로 될 것을 말한다."고 했다. 필자는 그 말에 전적으로 공감한다. 말투, 말씨가 얼마나 중요한가를 지적해 주는 얘기다.

수다는 마음의 보약이다

자유롭게 자기 감정을 표현하자

우리나라도 장수 시대를 맞고 있다. 평균 기대 수명만 하더라도 여자는 80 세를 훨씬 넘어섰다. 남자도 날이 갈수록 수명이 길어지고 있다. 이제 우리나라는 초고령 사회에 진입해 노인 복지 문제가 큰 이슈로 대두되고 있다.

그런데 한 가지, 우리나라 남녀의 기대 수명 차이는 2019년 기준으로 무려 6세나 된다. 당연히 여자의 수명이 더 길다. 비단 우리나라뿐 아니라 어느 나라나 여자의 수명이 더 길다. 생물학적으로도 여러 가지 이유로 말미암아 여자가 남자보다 더 오래 사는 것으로 알려져 있다.

여자가 더 오래 사는 이유를 분석하자면 상당히 많겠지만 감정 표현도 큰 관계가 있다고 생각된다. 여자가 남자보다 감정 표현이 더 자유롭고 감정 조질을 질한다. 유교적 전통의 영향인지 우리나라 남자들은 감정 표현의 억제를 미덕으로 생각한다.

그 때문에 언제나 엄숙하고 근엄한 태도를 지키려고 한다. 요즘 와서 크게 달라지기는 했지만 우리는 사진 찍을 때 대체적으로 엄숙하고 진지한 표정을 짓는다. 서양 사람들은 한결같이 웃는 표정으로 사진을 찍는 것과 무척 대조적이다. 엄숙하고 진지하고 근엄한 표정을 짓는 것이 체질화되었기 때문이다.

속된 말로 우리 남자들은 너무 무게를 잡는다. 그렇게 엄숙하고 진지한 표정을 짓는 것이 자신에게 무게감을 주고 비중 있는 인간이라는 것을 나타낸다고 생각한다. 잘못된 체면 의식 탓이다. 따라서 지위나 신분이 높을수록 더욱 엄숙하고 진지하고 근엄한 표정을 짓는다. 그것은 장점이 되는 경우도 있겠지만, 솔직히 말하면 가식적, 위선적인 태도라고 말할 수 있다. 결과적으로 자기 감정을 표현하지 않고, 감정을 억제하고 숨긴다.

말투도 그렇다. 남자는 되도록 감정을 숨기거나 억누르며 무겁고 진지하게 말하는 습성이 있다. 더욱이 남자의 말은 천금과 같다고 해서, 되도록 말을 많이 하지 않는 것이 미덕이었다. 물론 쓸데없는 말을 하지 않고 자기가 한 말에는 언제나 책임을 지기 위해 될 수 있으면 말을 적게 할 수도 있다. 사실 남자의 교육이 그러했다. 그래서 우리 주변에는 무뚝뚝한 남자들이 많다.

무뚝뚝하다는 것은 남자의 입이 무겁다기보다 자신의 감정을 숨기고 있는 경우가 훨씬 더 많다. 하기는 남자가 지나치게 촐랑대고 입을 나불대며 까불어대거나 자신의 감정을 과장해서 표현하는 것도 꼴불견이기는 하다. 그러나 너무 무뚝뚝하고 무게를 잡으면 다른 사람들이 은근히 경계를 하기 때문에 사교적이지 못하다.

그뿐 아니라, 자신의 진실한 감정을 억제하거나 숨기다 보면, 감정의 표현과 표출에서 심하게 제약을 받아 스트레스를 가져다준다. 그러한 생활을 지속하다 보면 스트레스가 계속 쌓여 마침내 질병으로 발전하거나, 느닷없이 폭발하여 엉뚱한 사고를 저지르기 쉽다. 요점은 남자들은 어찌되었든 자신의 감정을 자유롭게 표출하지 못하기 때문에 결과적으로 자신의 수명을 갉아먹어 수명이 짧아질 수 있다는 얘기다.

그 반면에 여자는 상대적으로 감정 표현을 훨씬 잘한다. 감정을 억제하지 않고 즉흥적으로 감정을 표출하는 경우도 흔하다. 또한 여자는 남자보다 말을 많이 한다. 속설에는 여자가 남자보다 평균 3배나 더 많은 말을 한다고 한다. 생물학적으로는 여자의 성대 구조는 남자와 달라서 말을 많이 하게 되어 있다고도 하지만, 그보다 심리적인 요인들이 더 크다고 생각된다.

남자와 여자의 심리 차이는 크다. 보편적으로 남자는 이성적이고 여자는 감성적이다. 절대적으로 그렇다기보다 상대적으로 그렇다는 얘기다. 여자가 남자보다 훨씬 감성적인 것은 분명하다. 따라서 여자는 감수성이 예민하기 때문에 느끼고 받아들이는 것이 남자보다 훨씬 많을 뿐 아니라, 그때그때 감정을 표현하고 표출해야 시원해진다. 그렇지 못하면 감정들이 쌓여 답답해서 견디지 못한다. 그냥 견디면 신경이 예민해지고 우울증이 생긴다.

그렇기 때문에 여자는 수다를 좋아한다. 여자들끼리 수다를 떨어 서로 자신의 갖가지 감정들을 털어내는 것이다. 전화를 하더라도 여자의 통화 시간이 남자의 통화 시간보다 훨씬 길다. 남자는 전달할 핵심과 요점만 주고받는 데 비해 여자는 그러한 전달 사항뿐 아니라, 세세한 자신의 감정까지 털어놓는다. 심지어 영화나 공연을 보고 느낀 감정까지 얘기한다. 그래서 통화가 길어질 수밖에 없다.

여자들이 수다를 떨기 때문에 얻을 수 있는 좋은 점은 자신의 감성을 모조리 털어버리기 때문에 남자보다 스트레스가 적고 평온한 감정을 찾을 수 있다는 것이다. 그래서 여자들이 남자보다 오래 사는지도 모른다. 거기다가 수

다를 통해서 유익한 생활 정보도 많이 얻기 때문에 실생활은 물론, 생존에 큰 도움이 되는 것도 오래 사는 이유의 하나가 될 수 있다.

여자들은 곁에 누가 있어도 별로 구애받지 않고 통화를 즐긴다. 선천적으로 자신의 문제를 말로 잘 표현하기 때문에 전화 상담을 애용하고 있다고 한다. 하지만 남자들은 남들 앞에서는 자신의 문제를 잘 얘기하지 않으려고 하기 때문에 전화 상담이 별로 없었는데 휴대 전화 보급이 크게 늘어나면서 남자들도 아무도 없는 곳에서 통화를 할 수 있게 돼 상담이 점점 늘어나고 있다는 얘기다.

그걸 보면 사실 남자들도 감정 표현을 하고 싶을 때가 많은데 남들을 의식하고 체면 때문에 상담을 기피했지만 이제 휴대 전화를 이용해서 얼마든지 자신의 속마음을 털어놓을 수 있게 된 것이다. 상담 내용을 분석해 봐도 문제점만 간단히 얘기하는 것이 아니라, 여자들처럼 수다도 떨고 되도록 길게 얘기하고 싶어 하는 것으로 나타난다고 했다.

우리의 현실을 보더라도 그렇다. 우리나라는 상담 기관도 많지 않고, 상담 문화가 잘 발달하지 못했지만, 인터넷 문화는 선진국 수준이어서 인터넷을 이용한 감정 표현이 무섭게 늘어나고 있다. 예컨대, SNS가 그것이다. SNS를 통해서 자신의 온갖 감정을 표출하는 것은 여자보다 남자가 훨씬 더 많다.

물론 지나친 악성 댓글로 상대를 터무니없이 비난하고 거짓 정보까지 퍼뜨리는 등 문제점도 적지 않지만, 자신의 감정을 여과 없이 표출하고 있는 것이 사실이다. 그러한 SNS의 이용도 자신의 감정 표현에 도움이 된다. 모든 불평불만을 자신의 이름을 감추고 익명으로 표출할 수 있는 편리함으로 마음껏 스트레스를 풀어낸다면 정신적으로 큰 도움이 될 것이다. 하지만 부정적인 마인드를 가진 사람은 SNS에서도 매사에 부정적인 마인드를 바꾸지 못한다.

따라서 진정한 감정 표현은 글로 표현하는 것보다 말, 대화로 표현하는 것이 훨씬 효과적이다. 남자들끼리도 여자들처럼 수다를 떨면서 자신의 감정을 서슴없이 표현하고 대화를 통해 서로 감정을 표현하고 그것에 대한 반응과 배려, 조언을 듣는다면 자신의 발전과 긍정적인 마인드를 갖는 데 크게 도움이 될 수 있다. 남자도 희로애락의 자기 감정을 표현할 줄 알아야 한다. 요즘은 여자들도 무뚝뚝하고 위엄을 내세우는 남자보다 감정 표현이 많고 다정다감한 남자를 좋아한다고 한다. 서로 감정을 교감하고 자상해서 편안하기 때문이다.

우리는 그런 경우를 병원에서도 경험한다. 아무리 권위 있는 의사라도 무뚝뚝한 의사는 환자들이 좋아하지 않는다. 다정 다감하고 환자의 말을 잘 들어주고, 병세에 대해 자세히 설명해 주는 친절한 의사를 좋아한다. 이제 너무 전통적인 남성관이나 체면에 얽매이지 말고 솔직하게 자신의 감정을 표현할 줄 아는 남자가 되어야 한다.

절대적 솔직함

잘 알다시피 현대 사회는 경쟁 사회이다. 경쟁은 필연적으로 승자와 패자를 가른다. 승자는 환호할 수 있겠지만 패자는 엄청난 고통과 좌절감을 겪는다. 그에 따라 사회가 분열하고 갈등과 충돌이 만연해질 수밖에 없다. 이러한 경쟁 사회의 부작용이 지나치자 최근에는 경쟁에서 '공생의 시대'를 열자는 움직임이 활발하다.

서로 공생하려면 신뢰감이 있어야 한다. 또한 진정성 없이는 상대에게 신뢰감을 줄 수 없으며 진정성은 선택 사항이 아니라 필수 요소가 되고 있다. 이러한 세계적인 움직임 속에서 잭 웰치 전 GE 회장이 강조한 '캔더'cander가 크게 각광을 받고 있다. '캔더'란 우리말로 옮기자면 '절대적 솔직함'이다. 앞뒤 가리지 않고, 따질 것도 없는 진실함을 뜻한다.

그는 기업 경영이나 조직에서 진정성을 바탕으로 부하가 행한 사실fact을 언급하고, 이에 대한 자신의 주관적인 느낌feeling을 솔직하게 표현하고, 자신이 왜 그런 얘기를 하는지 대화의 의도를 밝히는 것이 절대적 솔직함이라고 했다.

고급 리더의 철학적 특성은 '수평적 인간관'이다. 상사든 부하든 똑같은 인간이다. 따라서 누가 누구를 판결하고 평가하지 않는다. 다만, 상대의 행동에 대한 자신의 감정과 대화의 의도만이 존재한다고 본다.

솔직함은 올바른 커뮤니케이션을 위한 출발점이다. 이것은 리더와 부하사이에만 필요한 것이 아니다. 각종 조직은 말할 것도 없고, 우리 인간관계에 있어서 어디에서나 필요하다. 잘못된 것은 잘못되었다고 이야기하고, 솔직한 피드백을 통해 다시 노력해서 새로운 기회를 부여받을 수 있도록 하는 것이 진정한 솔직함이다.

친한 사이라서, 선후배 사이라는 등등의 이유로 칭찬만 하다 보면 어느새 부하는 무능력하다는 꼬리표를 달게 되고 언제 조직에서 밀려날지 모른다. 정말로 부하를 사랑하고 아낀다면 잘못을 지적할 때, 조용히 혼자만 불러서 눈물이 날 정도로 질책하고, 새로운 기회를 주고, 또 인간적으로 언제든지 감싸안아주는 리더가 되어야 한다.

조직을 떠나 우리의 인간관계에서도 마찬가지다. 친한 친구라고 해서, 일가친척이라고 해서 잘못된 점을 질책하지 못하거나 자꾸 두둔하고 비호해 주

면 상대는 발전하지 못한다 친하고 가까울수록 오히려 절대적 솔직함이 필요
하다. 대화의 신뢰성도 솔직함에서 나온다. 신뢰성없는 대화는 아까운 시 간
만 낭비할 뿐이다.

말이 주는 힘, 힐링의 원천이다

말은 단순히 의사 전달 수단이 아니라 놀라운 힘을 지니고 있다. 『물의 메시지』라는 책을 쓴 일본의 에모토 마사루 박사는 실험을 통해서 다음과 같은 사실을 알아냈다.

뜻밖에 물이 사람의 말과 생각에 반응한다는 사실을 밝혀낸 것이다. 예를 들어, 물에게 '사랑합니다' '감사합니다' '예쁩니다'와 같은 긍정적인 말을 자주 들려주면 물의 육각 형태가 결정체를 만들어 아름답고 조화롭게 보인다는 것이다. 그러나 반대로 '바보' '멍청이' '망할 놈' '죽여버릴 거야'와 같은 부정적인 말을 되풀이해서 들려주면 물의 결정체 자체가 심하게 일그러진다는 것이다.

또한 아름답고 착한 마음이 담긴 기도를 하면 아름다운 결정체가 나타나고, 가슴이 저미는 애절한 노래를 하면 물의 결정체도 거기에 맞게 반응한다고 했다. 에모토 박사는,

"우리는 한마디의 긍정적인 말로 더없이 행복할 수 있으며, 긍정적인 생각

하나로도 얼마든지 건강해질 수 있는 치유력이 있다."

라고 했다. 얼핏 믿기 어렵지만 에모토 박사가 실험을 통해 입증한 것이니 믿을 만하다.

우리의 뇌 세포 98%가 말의 지배를 받고, 말은 곧 행동을 유발한다. 그런 가 하면 말에는 성취력이 있다. 간절한 말로 자신의 꿈을 계속해서 되풀이하면 정말 꿈이 이루어지는 경우가 많다고 한다. 또 말에는 치유력이 있다. 힐링이라는 것도 결국은 말을 통한 치유다.

이런 일화가 있다. 어느 지방에서 두 사람이 서울에 올라와 목적지에 가기 위해서 택시를 탔다. 무척 무더운 날이었는데 거리에는 차들이 워낙 혼잡하게 얽혀서 좀처럼 앞으로 나아가지 못했다. 운전 기사는 무덥기도 하고 길이 꽉 막혀 짜증이 나는지 양보 운전은커녕 교통 신호를 멋대로 무시했고 툭하면 온갖 욕설을 내뱉었다. 택시 안에는 불쾌한 기운이 감돌았다. 그때 한 사람이 운전 기사에게 말했다.

"서울에서 운전하시기 참 힘드시죠? 그런데 어쩌면 그렇게 운전을 잘 하세요? 기사님처럼 운전이 능숙한 분은 처음 보는 것 같습니다."

승객의 그 말에 운전 기사는 순간적으로 '이 사람이 지금 나를 놀리는 건가?' 하는 생각이 들었다. 지금까지 그런 칭찬의 말을 들어본 적이 없었기 때문이다. 그때 승객이 계속해서 말했다.

"이런 최악의 교통 상황에서 기사님같이 운전을 잘하기란 정말 어려운 일이죠. 참 대단하십니다. 가끔 운전하시다가 지치기라도 하면 어디 가서 쉴 만한 곳이 있습니까?"

승객의 계속되는 칭찬에 운전 기사의 얼굴에 슬그머니 미소가 번졌다.

"가끔 강변에 가서 노을도 보고…, 그 근처 가게의 핫도그가 아주 맛있습니다."

그 뒤로 운전 기사는 짜증을 줄이고 난폭 운전도 하지 않았다. 그는 침착하고 차분하게 혼잡한 도로를 조심스럽게 운전하며 두 사람을 목적지까지 안전하게 데려다 주었다. 그의 마음도 무척 편안해 보였다. 칭찬을 들어서 기분이 좋았는지 얼굴에는 웃음이 가득했다.

택시에서 내린 두 사람이 말을 주고받았다.

"자네는 어떻게 그런 불량한 난폭 운전사에게 칭찬을 한단 말인가?"

"허허, 난 지금 서울을 변화시켰다네."

"뭐, 서울을 변화시켰다니 그게 무슨 말인가? 자네의 칭찬 한 마디에 무엇이 변화했다는 말인가?"

"허허, 돈도 들지 않고 힘들 것도 없지 않나? 거기다가 분명 모두 불안감도 사라졌고 기분도 좋아지지 않았는가? 칭찬 한 마디로 난폭 운전자를 순화시켰으니 그만큼 서울이 변화한 거 아닌가?"

그렇다. 따뜻한 말 한 마디, 격려의 한 마디, 칭찬 한 마디가 사람을 변화시킬 수 있고, 나아가서 우리 사회를 변화시킬 수 있다. 말에는 그처럼 놀라운 치유력이 있는 것이다.

자기 최면으로 긍정의 힘을 키우자

어떤 아주머니가 시장에서 매일같이 생선을 사 가는데 항상 가장 작은 생선만 사가는 것이었다. 다른 사람들은 되도록 큰 생선을 고르는 데 언제나 작은 생선만 고르는 것이 이상해서 생선 가게 주인이 아주머니에게 그 이유를 물었다. 그랬더니 아주머니가 대답하기를,

"우리 집 프라이팬이 작아서요."

생선 가게 주인이 어이없어 하며 한 마디했다.

"아주머니, 그럼 생선을 사기 전에 프라이팬을 바꾸세요."

그렇다. 생각을 바꾸면 세상이 달라진다. 어떤 일을 하는데 51%의 가능성이 있어도 49%의 불가능성 때문에 포기하는 사람이 있는가 하면, 51%의 불가능성이 있어도 49%의 가능성을 보고 그 일을 하는 사람이 있다. 역시 긍정적 마인드와 부정적 마인드의 차이다.

긍정적인 사업가들은 단 1%의 가능성만 있어도 도전하는 경우가 많다. 위

험성이 높지만 그 대신 성공하면 그 대가가 엄청나게 크기 때문이다. 사실 세상을 이끌어가는 사람들은 1%의 가능성에 도전하는 사람들이다. 긍정적인 마인드란 희망적, 낙관적 견해를 갖는 것이다.

두 개의 두레박이 우물에서 물을 퍼 올리고 있었다. 하나는 희망이라는 두레박이었고, 다른 하나는 절망이라는 두레박이었다. 절망적인 두레박은 우물 속으로 내려가면서 이렇게 말했다.

"나는 참 한심해. 나만큼 실망스러운 놈도 없을 거야. 우물 속에서 나올 때는 물이 가득 차 있지만 내려갈 때는 항상 텅 비어 있거든."

그러자 물이 가득 차서 올라오고 있는 희망의 두레박이 말했다.

"난 언제나 텅 빈 상태로 우물에 들어가는데 나올 때는 항상 물이 가득 차서 나온단 말야. 이런 행운이 어디 있어?"

생각의 차이는 똑같은 상황에서도 그렇게 큰 것이다. 우리가 흔히 얘기하지 않는가? 컵에 물이 딱 절반 들어있을 때, 어떤 사람은 그것을 보고 "물이 절반이나 들어 있어." 하고, 또 어떤 사람은 "물이 절반밖에 안 돼."라고 말한다. 역시 똑같은 상황인데 긍정적인 사람과 부정적인 사람의 시각 차이는 그렇게 큰 것이다.

또 하나의 예를 들어보자. 제2차 세계 대전 때의 일이다.

독일군을 공격하던 한 미군 소대가 완전히 고립되고 말았다. 소대원들은 필사적으로 탈출구를 찾았지만 빠져나갈 길을 찾을 수가 없었다. 그럴 때, 한 병사가 소대장에게 달려와 보고했다.

"소대장님, 큰일났습니다."

"큰일났다니?"

"우리는 독일군에게 완전히 포위당했습니다."

상황이 절망적이었다. 그때 소대장이 신바람이 난듯 큰소리로 말했다.

"오, 그래? 아주 잘됐다. 우리는 이제 사방으로 공격할 수 있게 됐다. 전원 공격!"

이 미군 소대는 살아남았다. 낙관적이고 긍정적인 마인드를 가졌던 소대장은 훗날 미군의 장성이 되었다. 그처럼 긍정은 절망도 희망으로 바꿀 수 있다. 그것이 긍정의 힘이다.

우리의 뇌는 한 가지 부정적인 말을 중화시키는 데 40개의 긍정적인 말을 필요로 한다고 했다. 그만큼 상처를 주기는 쉬우나 치유는 어렵고 상처를 치료하는 데 상당한 비용 부담이 필요하다.

어빙 오일이라는 의사는 "긍정적이고 아름다운 생각은 몸에 유익한 호르몬을 생성시키며 이 호르몬은 질병을 치료하는 데 큰 도움을 준다."고 했다.

난치병인 암환자의 경우도 그렇다. 똑같은 암환자라도 긍정적인 환자와 부정적인 환자는 치료에서 큰 차이가 나타난다고 한다. 생존율이 20%에 불과한 절망적인 상태인데도,

"나는 암을 극복할 수 있어."

"나는 나을 수 있어."

"나는 암을 친구로 생각하고 평생 같이 갈 마음의 준비가 되어 있어."

등등의 긍정적인 마음가짐을 가진 환자는 생존율이나 완치율이 훨씬 높다는 것이다. 그와 반대로

"내가 암이라니? 이젠 난 죽었구나."

"내가 앞으로 몇 달이나 더 살 수 있을까?"

하며 절망하는 환자들은 대부분 고비를 넘기기가 어렵다고 한다. 아무것도 아닌 것 같아도 사소해 보이는 마음가짐의 차이가 삶과 죽음까지도 갈라놓는 셈이다.

세상을 바라보는 사람의 마음가짐에 따라 저마다 세상이 달라보이듯이 긍정적인 사람과 부정적인 사람의 생각 차이는 무척 크다. 성공한 사람, 행복하게 사는 사람 대부분이 긍정적인 마인드를 가진 사람들이다. 세상을 비관하고, 가능성을 스스로 부정하는 사람이 성공하기는 힘들다.

똑같은 상황에서 '할 수 있다'고 생각하는 사람과 '할 수 없다'고 생각하는 사람의 차이는 클 수밖에 없다. 할 수 있다고 생각하는 사람은 모든 생각과 노력을 할 수 있는 쪽으로 집중하기 때문에 마침내 해내는 것이다. 그러나 할 수 없다고 생각하는 사람은 불가능한 쪽으로만 생각을 집중한다. 모든 상황을 부정적으로만 바라보기 때문에 적극성을 보이지 않고 갈수록 의욕이 떨어진다. 그렇기 때문에 결국 하지 못하는 것이다.

그리고 스스로 생각을 거기에 맞춘다.

"그것 봐, 내가 안 된다고 했지? 내 말대로 안 되잖아?"

하며 스스로 위안을 찾고 자신의 판단이 맞다고 생각하는 것이다. 안 되는 것이 아니라 아무것도 안 했기 때문에 안 된 것이다.

따라서 부정적인 사람은 아무것도 이룩하지 못하고, 또 그 때문에 불평 불만이 많아지고 세상을 비판하는 것이다. 성공하지 못한 이유가 자신의 마음가짐에 있다는 생각 대신 남을 탓하고 세상을 탓하는 것이다.

성공과 실패는 그야말로 종이 한 장 차이에 불과하다. 어떤 마음가짐을 가졌느냐에 달린 것이다. 마음가짐을 바꾸면 인생이 달라진다.

그러면 어떻게 마음가짐을 바꿀 수 있을까? 부정적인 마인드는 어떻게 긍정적인 마인드로 바꿀 수 있을까? 이제 그 방법을 살펴보자.

이미지 트레이닝

'이미지'image를 우리말로 바꾸면 심상心像이다. 심상은 우리의 모든 감각을 동원해서 경험한 것을 떠올리거나 새로운 상像을 만드는 것이다. 좀 더 쉽게 설명하자면 머릿속에 그리는 영상映像이라고 할 수 있을 것이다. 그렇게 보면 '이미지 트레이닝'은 영상 훈련이다.

영상 훈련은 자기의 모습을 머릿속에 그리면서 훈련하는 것이다. 골프 선수라면 자기가 연습하는 모습을 머릿속에 그리면서 스윙 동작을 익히고, 실제로 라운딩하는 모습을 떠올리며 시합의 분위기와 그 상황을 극복하는 훈련과 같은 것이다.

얼핏 생각하면 그게 무슨 도움이 될까 하는 의심이 가겠지만, 스포츠 과학화에 있어서 선수들의 기량을 높이고 자신감을 북돋우는 방법으로 널리 사용되고 있다. 특히 스키나 자동차 경주처럼 속도가 빠른 경기에는 순간적으로 위험한 상황을 헤쳐 나가야 하기 때문에 고도의 기술과 '나는 할 수 있다'는 자신감이 필수 조건이다.

자신감을 높이기 위해 위험한 순간을 무난히 통과하는 자신의 모습, 최고의 기록으로 골인하는 모습을 상상하면서 이미지 트레이닝을 한다.

골프는 위험한 운동은 아니지만 자신감이 게임을 좌우하는 멘탈 스포츠다. 자신감이 넘치는 선수는 어떠한 역경에 놓이더라도 그 위기를 극복하지만, 자신감이 없는 선수는 어느 한 순간에 무너진다. 자신감은 과거에 좋은 경험과 기록에 의해 생기는데 그런 경험이나 기록이 없는 선수는 늘 불안하고 위기를 맞을수록 자신감이 떨어진다.

골프 선수는 물론이고 골프를 즐기는 사람들은 알게 모르게 많은 영상 기록들을 머릿속에 간직하고 있다. 스윙 이미지를 비롯해서 각종 경기에서 실패한 미스샷의 경험, 성공한 굿샷의 경험 등 모든 경험과 기록들이 영상으로 남아 있다. 새로운 경기가 진행되는 도중에 문득 지난 과거의 미스샷이 떠오르거나 실패의 쓰라림이 떠오른다면 자신감은 순식간에 사라지고 크게 위축되기 마련이다. 실패가 계속되면 자신감은 점점 줄어들고 불안, 초조감에 휩싸이게 된다.

이런 경우, 이미지 트레이닝으로 과거의 나쁜 경험을 머릿속에서 지워버리고 그 자리에 좋은 이미지를 심어 성공의 기쁨을 느끼도록 하면 자신감이 되살아나고 새로운 용기가 생겨 다음 경기에서 좋은 성과를 얻을 수 있다.

이미지 트레이닝의 원리는 의외로 간단하다. 적극적인 이미지를 마음속에 계속해서 심어나가면 그것들이 결국 현실로 나타난다는 원리이다. 따라서 이미지 트레이닝은 인간의 잠재 능력을 개발하는 능력 개발 프로그램이기도 하다. 이미지 트레이닝은 자신의 잠재 능력을 굳게 믿고, 그것을 개발하고자 하는 확실한 의지가 있다면 그 효과가 무척 크다고 할 수 있다.

그러한 트레이닝 과정을 통해 자신감을 찾게 되면 부정적인 마인드도 긍정적으로 바꿀 수 있다. 자신이 잘했던 일, 칭찬받았던 일, 좋은 경험 등을 떠올리며, 자신의 부정적인 감정들을 차츰 줄여나가는 것이다.

이미지 트레이닝의 연습

영상 훈련할 때 마음속의 이미지는 실제 이미지와 똑같을수록 좋다. 막연하게 떠올리는 것이 아니라 선명하고 뚜렷하게 그 때 그 느낌까지 재연하는 것이 바람직하다. 물론 처음부터 선명한 이미지를 만드는 것은 쉽지 않다. 처음에는 이미지를 이끌어내는 연습이 필요하다.

눈을 감아도 쉽게 떠오른 자기 집의 모습, 자기 집 거실에 앉아있는 자신의 모습이 뚜렷하게 떠오르도록 정신을 집중하고, 그 다음 고개를 돌려 벽에 걸려있는 그림을 보는 모습, 그림의 내용을 머릿속에 그려보는 연습이다. 또는 자신이 앉아있는 소파를 손으로 만졌을 때의 촉감을 느껴보는 연습 등 자신의 모든 감각들을 동원하고 집중하는 연습을 계속하면 차츰 선명한 영상 이미지를 갖게 된다. 더욱이 자신의 모습이 담긴 비디오가 있다면 제3자의 입장에서 자신의 모습을 볼 수 있다. 자신이 대화하는 모습, 자신이 스피치하는 모습, 자신의 동작 등을 객관적으로 살펴보면서 어느 부분에 문제가 있으며 어느 부분에서 어색한가 등을 찾아낸 뒤, 그러한 문제점들을 시정해서 연습하면 더욱 자신감이 커진다.

자신감이 커지면 부정적인 생각도 점점 긍정적으로 바뀌어간다. 자신이 '난 할 수 없다'라고 생각했던 것들도 차츰 '나도 할 수 있다'는 생각으로 바뀌어간다. 전문가들은 꿈을 실현하는 과정으로,

"먼저 꿈을 머릿속에 생생하게 그리고, 그 다음 다짐이 아닌 목표를 분명하게 설정하고, 그 다음 구체적인 액션플랜을 만들어라."라고 말한다.

이미지 트레이닝도 그러한 과정을 거치는 것이 좋다. 자신의 좋은 이미지, 잘할 수 있는 이미지 등을 떠올려서 어느 정도 그 이미지가 선명해지고 자신감이 생겼다면, 그 다음 자신의 목표, 자신의 꿈이 이루어졌을 경우를 머릿속에 생생하게 그려보는 것이다. 말하자면 성공한 자신의 모습이다.

자신의 성공한 모습이 선명해지고 그 이미지를 유지해 나가면 자신감이 더욱 커지고 놀랄 만큼 긍정적인 마인드를 갖게 된다. 그리하여 그 성공한 자신의 모습을 향한 구체적인 목표를 세우게 되고, 좀 더 자신감이 충만하면 그것

을 실현하기 위한 갖가지 실현 가능한 실천 계획들을 만들 수 있다.

그러한 과정에서 부정적인 마인드가 여전히 남아 있다면 함께 제거시켜 나가야 한다. 혹시 자신의 말이나 생각, 그리고 행동에 부정적인 면이 있었는가를 꼼꼼하게 생각해 보고, 다시는 반복하지 않도록 의도적으로 유념해야 한다. 자꾸 부정적인 생각이 떠오른다면 그 때마다 자신에게 '스톱!' 하고 단호하게 말하라. 스스로 크게 외칠수록 효과가 크다. 가령 노름꾼이 도박을 하고 싶을 때마다 크게 '스톱!' 하고 자기 자신에게 외치면 도박 장소에 가고 싶은 마음이 순간적으로 사라질 것이다.

이미지 트레이닝의 특징은 일종의 '자기 최면'이라고 할 수 있다. 자기가 자신에게 최면을 거는 것이다. 따라서 '나는 이렇게 되고 싶다'가 아니라 '나는 이렇게 되어 있다'고 최면을 거는 것이다. 예를 들어 다음과 같은 자기 최면을 걸면 큰 효과를 얻을 수 있다.

＊ 나는 반드시 할 수 있다.
＊ 나는 이미 상당한 실력이 붙었다.
＊ 나는 역경에 처했을 때 오히려 열정적인 힘이 생긴다.
＊ 나는 내가 하고자 하는 것들이 아주 즐겁다.
＊ 나는 언제나 적극적이고 과감하다.
＊ 나는 그때그때 내가 하는 일에 완벽하게 집중한다.
＊ 나는 비중이 큰일일수록 더욱 차분해지고 여유로워진다.

모든 것이 좋아진다는 자기 개방과
자기 암시의 효과를 믿자

자기 개방self-disclosure

현대인의 생활에서 스트레스를 피하기란 거의 불가능하다. 정도의 차이가 있을 뿐, 누구나 스트레스를 가지고 있다. 문제는 일반적으로 스트레스가 너무 많다는 것이다. 스트레스를 적당히 해소해야만 정신적, 육체적으로 건강한 생활을 해 나갈 수 있다. 그에 대해 여러 심리학자들이 '자기 개방'을 권장하고 있다.

자기 개방은 자신의 내면을 드러내는 자기 표현이라고 할 수 있다. 또는 자기 표현 훈련도 여기에 포함된다. 우리의 문화, 환경, 교육 여건은 솔직히 정서 관리와 정서 통제 교육이 거의 없다. 우리 국민 대부분은 자기 표현, 스트레스 관리, 자기 정서와 감정의 관리 그리고 통제 교육을 전혀 받지 못하고 있다. 그러면서도 우리의 생활은 그러한 것들을 생각해 볼 겨를도 없이 더 다급하고 각박한 현실적인 문제들의 해결을 강요받고 있다.

자기 개방, 자기 표현은 스트레스는 물론, 문제 해결의 열쇠가 될 수 있다.

또한 올바른 소통을 위해서도 자기 개방이 필요하다. 우리는 말을 통해 의사소통을 한다. 따라서 자기 내면의 스트레스와 응어리, 고민, 갈등 등을 말을 통해 합리적으로 풀어놓음으로써 스트레스 해소와 문제 해결의 실마리를 찾아야 한다. 자기 개방은 감정과 상황를 털어놓는 것만으로도 카타르시스(정화작용)의 효과가 있으며, 부정적인 감정과 정서를 상당 부분 줄여준다.

자기 개방은 자신이 변화되어야 한다는 필요에서 비롯된다. 현재 자신의 삶에 문제가 있다는 사실을 스스로 인지하고, 그것을 감추지 않고 개방함으로써 치유와 해소, 변화의 계기를 마련하는 것이다. 물론 자기 개방이라고 해서 아무것이나 다 말하는 것은 아니다. 자기 개방 훈련이 필요하다고 해서 모든 것을 다 털어놓을 필요도 없으며 그래서도 안 된다.

예를 들어, 자녀의 치명적인 개인 문제, 부부의 갈등, 배우자의 외도 등 부도덕한 행위 등으로 겪고 있는 심각한 스트레스와 갈등을 모두 개방하는 것이 유익한지 생각해 봐야 한다. 자칫하면 그러한 개방이 또 다른 문제와 더 심한 스트레스를 가져올 수도 있기 때문이다.

또한 다른 사람들이 나의 내면을 숨김없이 알게 되면 나만 손해 보는 것이 아닌가 하는 우려도 생긴다. 그뿐 아니라 자기 개방이 신세 한탄이나 자기자랑의 기회는 결코 아니다. 하지만 옛말에도 질병은 결코 감추지 말라고 했다. 자신의 질병을 밖에 알려야 효과적인 치료 방법도 찾을 수 있다. 자기 개방도 그와 같은 것이다. 위로와 격려, 해결 방법, 변화의 방법 등에 대해서 진정성을 가지고 도움을 줄 만한 사람들에게 개방해야 한다.

우리는 일반적으로 다른 사람의 얘기를 할 때는 긍정적으로 얘기하려고 노력한다. 물론 사람에 따라서 꼭 남을 비판하고 비난해야 속 시원한 사람도 있지만 대개는 긍정적으로 이야기하려고 한다. 그런데 다른 사람의 부정적인 면을 얘기하려니까 힘든 것이다.

　가령 직장에서 상사 때문에 심각한 스트레스를 받는 사람들이 많다. 상사의 성격이 괴팍하거나 일방적이고, 무리한 요구가 많고, 거칠거나 예민해서 부하 직원을 마구 질책하여 체면까지 상하게 만드는 경우가 많다. 이미 알려진 바와 같이 젊은 여사원들의 상당수가 상사의 성희롱에 시달리기도 한다.

　그와 같이 상사로 말미암아 심한 스트레스를 받게 되면, 직장에 출근하기도 싫고, 일할 의욕도 떨어질 뿐 아니라, 정신적으로 심각한 고통을 받는다. 그러한 스트레스가 지속되면 자신도 모르게 자기 성격도 변화를 일으킨다. 더욱이 대부분 부정적인 마인드로 변한다. 그와 함께,

　"그 자식하고 한번 붙어봐?"

　"회사를 때려치울까?"

　"실컷 두들겨 패고 회사를 그만둘까?"

　"그 인간한테 어떻게 복수하지?"

　"그 인간의 추잡한 행동을 공개해 버릴까?"

　등등의 부정적이고 극단적인 생각을 하게 된다. 되도록 참으려고 하지만, 어쩌다 욱하는 성질로 자기도 모르게 폭발해서 예기치 못한 엉뚱한 행동을 저지르기도 한다. 설령, 누군가 믿을 만한 사람에게 자기 개방을 하더라도, 행여 그 얘기가 당사자 귀에 들어가게 되면 불이익을 받을까 두렵고, 참자니 답답하고 스트레스 때문에 견디기 어렵고, 무척 고민스러울 때가 적지 않다. 정말 그러한 스트레스가 오래가면 병이 된다. 어떡해서든지 자기 개방을 통해 해소시켜야 한다.

　자기 개방의 방법에 대해서는 앞에서 'I message'를 통해 이미 설명했다. 욱하는 성질로 즉흥적으로 폭발시키면 안 된다. 자기 개방을 하려면 사전에

나름대로 충분한 준비를 해야 한다. 어떤 내용을 구체적으로 어떻게 논리정
연하게 밝힐 것인가 철저하게 준비해야 한다.

그 다음 이미 앞에서 설명했듯이, 남의 얘기처럼 하지 말고 자신을 주어主
語로 해서 당사자에게 차분하게 얘기해야 한다. 이를테면 당사자가 직장의
상사라면 그에 걸맞는 예의를 갖추고, 당사자와 단둘이서만 얘기해야 한다.
먼저 상대의 문제가 되는 행동과 상황을 구체적으로 설명하고, 그러한 행동
이 자신에게 미친 영향을 알려주고, 그로 말미암아 야기된 자신의 감정을 솔
직하게 털어놓아야 한다.

그런 뒤에 상대방의 반응을 주시하고 그의 말을 끝까지 경청해야 한다. 반
응은 여러 가지로 나타난다. "이게, 감히 건방지게…" 하며 벌컥 화를 내는 사
람도 있고,

"다른 사람들은 아무런 불만도 없는데 왜 자네만 불만이 그렇게 많은가?"

"그렇게 내가 싫다면 회사 그만 두면 될 거 아냐?"

하고 큰소리치는 사람도 있다.

그런가 하면, 진심으로 뉘우치며 자신의 행동이 그렇게 큰 상처와 스트레
스를 주게 될 줄은 몰랐다며 앞으로 시정하겠다는 사람도 있고, 자신의 체면
을 살리려고 구차스럽게 말도 안 되는 변명을 늘어놓는 사람도 있다. 또는 자
기 개방하는 사람의 무능력과 융통성 부족을 질책하는 사람도 있다.

따라서 일괄적으로 설명하기는 어렵지만, 어떤 경우라도 상대방의 반응을
가지고 다퉈서는 안 된다. 서로 자기 변명을 하고, 자기 주장을 외치고 언성
을 높이다가는 싸움이 되고 만다. 그러면 자기 개방을 통해 스트레스를 풀기
는커녕 더 큰 스트레스를 받고 사태가 악화되어 극단적인 결정을 해야 할 상
황을 맞는다.

당사자가 어떻게 반응하든 그의 말을 중간에 자르지 말고 끝까지 다 들어야 한다. 그 다음, 한두 가지 납득할 수 없는 부분을 역시 차분하게 지적하고 자신의 견해를 전달한다. 특히 마무리가 좋아야 자기 개방의 효과가 있다.

"제가 드릴 말씀은 다 드린 것 같습니다. 다른 불만을 없습니다."

또한 가능하면 당사자의 장점도 칭찬해 주는 것이 좋다.

"이런 점은 정말 존경합니다."

"이런 점은 배우고 싶었습니다."

"이런 점은 제가 정말 좋아합니다."

등의 장점을 강조해 주고, 상대방이 어떤 심한 반응을 했더라도,

"말씀 잘 들었습니다."

"저도 더욱 노력하겠습니다."

"지적하신 부분은 최선을 다해 시정하겠습니다."

등으로 마무리하는 것이 좋다. 그렇게 무리 없이 자기 개방이 끝나면 당사자는 체면 때문에 화를 내거나 변명했지만 그 역시 반성의 기회를 갖고 앞으로 변화된 행동을 보일 것이다. 당사자가 변화를 보일 때에는 이미 끝난 자기 개방은 깨끗이 잊어야 한다. 그리고 새로운 사람을 대하듯 당사자에게 거리감 없이 대하고 밝은 표정으로 성의를 다하는 것이 좋다. 그리하여 더욱 관계를 강화시켜 나가는 것이다.

가까운 사람, 또래들끼리라도 방법은 위와 다를 바 없다. 중요한 것은 자기 개방을 한다고 해서 자기 감정을 폭발시켜서는 안 된다는 것이다. 다짜고짜 욕설을 쏟아놓으면 상대방을 훈계하듯이 다그치고, 그 때문에 내가 얼마나 분노하고 있는지 아느냐는 식으로 따지고 들면 자기 개방은 오히려 역효과다. 그보다는 하소연하듯,

"너하고 이런 일 때문에 내가 마음고생을 하고 있다. 오해가 있다면 서로 풀고, 네가 나한테 왜 그러는지 그 이유를 듣고 싶다."

차분하게 얘기를 꺼낸 후, 상대의 말을 끝까지 들어줘야 한다. 요령도 위와 똑같다. 절대 다투지 말고 침착해야 한다. 아울러 자신이 오해하는 부분이나 잘못 알고 있는 부분이 있었다면 솔직히 시인하고 사과할 것은 사과해야 한다. 역시 뒷마무리를 잘해야 하는 것은 설명할 필요가 없다.

자기 암시 自己暗示

자기 암시는 자기 최면 또는 자신에게 최면 걸기와 비슷하다. 돛단배가 바람부는 대로 떠가듯이 자기 암시의 법칙은 자신의 생각에 따라 자신을 향상시키기도 하고, 파멸로 이끌기도 한다.

우리의 뇌는 부정적인 언어를 정확히 구별하는 능력이 없기 때문에,

"나는 내일부터 절대 지각하지 않는다."

라고 다짐하면 '지각'이라는 단어만을 인지한다. 그 때문에 뇌는 여전히 지각하게끔 우리 몸에 지령을 내려보낸다고 한다. 따라서 부정형을 긍정형으로 바꿔 "나는 내일부터 일찍 출근한다."고 다짐하면 뇌가 '일찍 출근'을 인지하고 지각하지 않게 한다는 것이다.

그와 마찬가지로 '잔디밭에 들어가지 마시오'라는 팻말을 잔디밭에 꽂아놓으면, 들어가지 말아야겠다는 생각보다 오히려 잔디밭에 들어가고 싶은 유혹을 느낀다. 또한 입으로 "힘들고 짜증나!"를 계속해서 반복하면 그 소리가 자신의 귀를 통해 뇌로 전달되어, 뇌는 "힘들고 짜증나는데 왜 멀쩡한 척 가만 있느냐?"고 온몸에 좋지 않은 스트레스 호르몬을 쌓이게 만든다.

그처럼 말은 입을 통해 밖으로 나왔다가 뇌의 지령에 따라 다시 자신에게

로 돌아간다. 평상시에 부정적인 말이나 단어를 사용하는 사람에게는 항상 부정적인 결과가 나타난다. 그와 달리 항상 긍정적인 어휘를 쓰고 긍정적인 말을 하는 사람은 저절로 긍정적인 결과를 얻는다.

부정적인 마인드와 긍정적인 마인드의 차이는 그처럼 엄청나다. 따라서 자기 암시는 긍정적인 말을 계속해서 사용해야만 그 효과를 기대할 수 있다. 자기 암시법을 구성하는 근본적인 요소는 '플라시보 효과'와 '피그말리온 효과'라고 할 수 있다. 플라시보Placebo 효과는 우리에게 잘 알려져 있듯이, 환자에게 전혀 약효가 없는 가짜 약을 주며 약효가 뛰어난 약이라고 하면, 정말 그 가짜 약을 먹고 감쪽같이 낫기도 하는 '위약 효과'이다.

피그말리온 효과는 그리스 신화에서 유래한 것이다. 어느 조각가가 자신이 이상적으로 생각하는 여인상을 만들어 놓고 보니 너무나 아름다웠다. 조각가는 매일같이 정말로 조각상과 똑같은 모습이 나타나 사랑할 수 있게 해달라고 기원했다. 그의 기원이 얼마나 절실하고 간절했는지 어느 날, 여인상 조각이 정말 생명을 지닌 여인으로 변했다. 그와 같이 원하는 것을 간절히 기원하면 언젠가 반드시 이루어질 수 있다는 것이 피그말리온 효과다.

에밀꾸에라는 사람은 시골에서 약사 생활을 할 때, 플라시보 효과를 직접 경험했다. 그는 그 놀라운 경험을 발전시켜 자기 암시법을 창안했다. 자기 암시법의 핵심은 자기 암시를 통한 자기 확신이며 긍정적 말을 계속 반복하여 극적으로 근본적 변화를 일으켜 긍정적인 결과를 얻어내는 것이다.

1970년 미국의 경제전문지 〈포춘〉에 미국 50대 재벌로 선정된 클레멘트 스톤은 가난한 가정에서 태어났다. 불과 여섯 살 때부터 신문팔이를 했으며, 16세 때는 어머니가 보험 회사 외판원으로 들어간 덕분에 방학 때면 어머니를 따라 보험을 팔아보기 시작한 것이 세계적인 보험 세일즈맨이 된 계기였다.

그는 보험 세일즈맨으로 출발해서 20대의 나이에 직원 1천 명을 거느린 보험 회사 사장이 되었다.

그는 아침에 출근할 때마다 책상 위에 붙여놓은 글귀를 큰 소리로 읽었다고 한다. 그 글귀는

"나는 오늘 기분이 좋다. 나는 오늘 건강하다. 나는 오늘 너무 멋지다."

였다. 또한 그는 아침에 직원들에게 "지금 하라."는 구호를 50번씩 외치게 하고 업무를 시작했다고 한다.

그 결과 그의 보험 회사는 1930년대 미국의 경제 대공황 때도 많은 매출을 올렸으며, 1960년대에는 직원이 5천 명이 넘는 대기업으로 성장했다고 한다. 그가 아침마다 큰 소리로 외치고 출근한 말들, 직원들에게 50번씩 외치게 한 말, 모두 긍정적인 말들이다. 그러한 긍정적인 말을 끊임없이 외치며 자신에게 최면을 거는 것이 자기 암시다. 그러면 정말 긍정적인 효과를 얻을 수 있는 것이다.

클레멘트 스톤은 "사람들 간에 차이는 극히 미미하다. 그러나 그 미미한 차이가 큰 차이를 만들어낸다. 미미한 차이는 태도이고 큰 차이는 그 차이가 긍정적이냐, 부정적이냐 하는 것이다."라고 했다.

그는 또 나중에는 아침마다 출근하기 전에 거울을 보며 "오늘은 세상이 나를 위해 어떤 좋은 일을 계획하고 있을까?"를 몇 번씩 되풀이해서 말했다고 한다. 자기 암시는 부정적인 것도 이루어지게 한다. 계속적으로 부정적인 말로 자기 암시를 하면 정말 부정적인 결과를 얻을 수 있다. 가령, "나는 그 놈에게 분노한다. 나는 반드시 그 놈에게 복수하고 말 것이다."라는 말을 꾸준히 외치며 자기 암시를 걸면, 마침내 복수를 하게 될 수 있을 것이다. 하지만 그 대가는 자신에게도 엄청난 부정적인 결과를 가져다 줄 것이다. 부정적인 자

기 암시를 할 것인가, 긍정적인 자기 암시를 할 것인가는 자기 자신에게 달렸다.

매일아침 에밀꾸에가 그랬다는 것처럼 하루 일과를 시작하기 전에 "나는 날마다 모든 면에서 점점 좋아지고 있다."를 20번 이상씩 말해보라.

두려움과 열등감을
극복하라

타인에게 항상 장점을 찾도록 애써라.
그리하여 죄인을 성자로 바꾸도록 하라.

— 탈무드

발표 불안을 극복하라

언젠가 필자가 강의 중에 "두려운 것이 있습니까? 있다면 무엇이 두렵습니까?" 하고 질문했다. 여러 가지 대답이 나왔는데 대체적으로 사람, 죽음, 자기 자신, 마누라 등이 많았다.

어쩌다 사랑의 대상인 사람이 사람을 두려워하는 세상이 되었다. 자신의 분신이나 다름없는 사랑하는 아내도 두려움의 대상이 되었다. 물론 그것이 공포는 아닐 것이다. 요즘 여자들의 기세가 드세고 남편에게 간섭이 많다 보니 두렵다고 표현한 것일 뿐이다. 어둠도 두려울 수 있겠지만, 가장 두려운 대상이 자기 자신이라는 것도 공감이 간다.

사람은 누구나 항상 내면의 자기 자신과 싸우며 그 싸움에 이기기 쉽지 않기 때문에 두려운 것이다. 큰 두려움은 아닐 수 있지만, 아무런 준비가 없는 상태에서 대중 앞에 나서서 무엇인가 발표해야 하는 것도 두려울 수 있다.

우리 인간은 사회적 동물로서 상호간의 커뮤니케이션을 이루며 사회생활을 영위해 간다. 커뮤니케이션은 인간의 사회생활 속에서 의사 소통을 성립시키는 기본적인 조건이다. 이것이 원활하게 이루어지지 않으면 작게는 개인적으로, 크게는 사회 전반에 걸쳐 여러 가지 문제들을 야기한다.

커뮤니케이션이 원활하지 못하면 개인적으로는 사회 부적응으로 정서 장애를 가져 올 수 있다. 사회나 국가적으로는 조직 운영의 능률이 저하되고 국제적으로 원만한 교류와 외교 관계가 어렵다. 이러한 커뮤니케이션의 수단은 다양하지만 상호간의 말하기, 즉 대화, 스피치에서 출발한다. 즉 대화, 스피치는 인간관계 형성의 중요한 역할을 수행한다.

따라서 현대인에게는 비즈니스는 물론이고, 성공적인 삶을 위한 커뮤니케이션의 한 가지 수단으로 원활한 스피치 능력이 요구되는 것이 사실이다. 다시 말해, 정확하고 설득력 있게 의사를 전달함으로써 여러 사람들과 원만한 인간관계를 맺을 수 있는 의사 소통 능력이야말로 중요한 자질 중에 하나가 된다.

또한 현대 사회는 정보화, 세계화, 탈산업화, 다원화 특성의 지식 기반 사회이다. 이러한 사회에서 암기식의 지식 습득보다 기초 지식을 탄탄히 갖추어 응용하는 것이 중요하다. 즉 탄탄한 기초 지식을 바탕으로 끊임없이 필요한 새로운 지식들을 생성해냄으로써 자기 견해를 당당하게 피력할 수 있는 능력을 갖춘 사람이 성공할 수 있다.

그러나 현대 사회가 발전을 거듭하여 우리의 생활은 윤택해졌지만 그에 따른 부작용도 만만치 않다. 대표적인 것이 인간 소외 현상이다. 이러한 현상은 곧 개개인의 발표 불안 장애speech anxiety trouble를 초래해서 상호간의 소통 단절과 사회 불안 장애social anxiety trouble까지 가져오고 있다.

발표 불안 장애는 사회 불안 장애의 주요 유형이다. 사회 불안은 직업적인 수행뿐 아니라 사회적인 기능에서 심각한 지장을 가져오기 때문에 신경 정신적 상담에서도 중요하게 다루어지고 있다.

큐란Curan의 연구에서 사회 불안의 발생률을 보면, 전체 인구의 20~41%가 수행 불안 혹은 사회적 상황에서의 불편함을 경험하며, 사회적 상호 작용을 회피할 만큼의 불편함을 경험하는 것으로 나타나고 있다.

더구나 사회 불안의 주요 원인인 발표 불안 장애를 지니고 있는 사람들은 대부분 대중 앞에서 효과적이고 적절한 스피치를 하지 못하기 때문에 많은 애로를 겪는다. 따라서 발표 불안 장애를 극복하기 위해서는 효과적인 스피치 방법을 터득해야 한다.

스피치 치료 방법이 있다. 발표 불안 장애를 가진 사람을 상담으로 치료하는 것인데 크게 세 단계로 나눌 수 있다.

첫째는 상담 과정에서 발표 불안 장애를 가진 내담자의 심리적 불편함을 밝히게 하고, 내적 불안 요소를 발산하게끔 유도하는 것이다. 이것은 내담자가 현재 겪고 있는 발표 불안 장애의 원인(트라우마)을 규명하고 그에 적합한 치료법을 적용하기 위해서다.

둘째, 내담자에게 다양한 상황을 경험하게 해서, 순간 대처 능력과 상황 통제력을 강화시켜주는 것이다. 길거리, 버스, 지하철, 백화점 등 많은 사람들이 왕래하는 다양한 장소와 상황에서 그에 따른 '말하기' 경험을 연습하는 방법이다. 그럼으로써 청중에 대한 자신감을 배가시키는 것이다.

셋째, 앞의 두 과정을 거쳐 충분한 치료와 훈련이 되었다면, 실제 현장에서 적용할 수 있어야 한다. 내담자는 자신이 발표할 행사의 성격을 분석 파악하고, 상황과 주제에 따른 준비를 철저히 해야 한다. 이를테면 발표의 원만한 진행을 위한 메모나 관련 자료를 준비하는 것이다. 또한 프레젠테이션을 위한 PPT(파워포인트) 자료를 준비해서 청중들에게 보다 설득력 있고 호소력있는 발표 준비를 하는 것이다.

　스피치 치료는 발표 불안 장애를 가진 내담자가 자신의 조직 안에서 사회적 역할 수행 능력을 향상시킬 수 있는 생생한 기회를 제공해 주는 것이다. 그럼으로써 정신적으로 안정되고, 자신감 있는 스피치로 자신의 부정적인 요소들을 극복하게 한다. 다음의 발표 불안 장애 척도 테스트를 참고하기 바란다.

＊　＊　＊　---

나의 발표 불안증은 어느 정도인가

　＊ 점수 : 전혀 그렇지 않다 (1점), 거의 그렇지 않다 (2점), 보통이다 (3점), 자주 그렇다 (4점), 거의 항상 그렇다 (5점).

　1. 나는 일반적으로 그룹 토론에 참여하는 동안 편안하게 느낀다.
　2. 나는 그룹 토론에 참여하고 싶다.
　3. 그룹 토론에 참여하는 동안 나는 침착하고 느긋하다.
　4. 나는 회의에 참여하는 동안 보통 침착하고 느긋하다.
　5. 나는 회의에서 견해를 피력해 보라는 요청받을 때 침착하고 느긋하다.
　6. 나는 회의에서 질문에 답할 때 매우 느긋하다.
　7. 나는 대화하는 동안, 나서서 말하는 것을 두려워하지 않는다.
　8. 나는 보통 대화하는 동안, 아주 침착하고 느긋하다.
　9. 나는 새로 알게 된 사람과 대화하는 동안 매우 느긋하다.
　10. 나는 스피치하는 것에 대한 두려움이 없다.
　11. 나는 스피치하는 동안 느긋하다.
　12. 나는 스피치해야 할 경우가 생기면 자신을 가지고 대처해 나간다.
　각 항목을 5단계 척도로 체크했을 때, 총점 60점에서 아나운서의 경우는 평균

40점이다. 발제와 발표를 자주하는 대학생의 경우는 평균 35점이었다. 자신의 점수를 한번 확인해 보라.

　＊ 40점 이상 : 의사 소통에 문제가 없다.

　＊ 35~39점 : 의사 소통에 약간의 문제는 있으나 걱정할 필요는 없다.

　＊ 25~34점 : 의사 소통에 문제가 있으므로 훈련이 필요한 상태.

　＊ 24점 이하 : 의사 소통에 심각한 문제가 있는 상태로 체계적인 훈련이 시급하다.

(메크로 스키가 만든 발표 불안증 척도)

＊　＊　＊

발표 불안의 정체는 무엇인가

발표 불안의 원인으로는 새롭고 낯선 표현을 해야 할 때, 말해야 할 내용에 대한 충분한 지식이 없을 때, 실패하지 않을까 하는 두려움을 갖거나, 준비가 불충분하거나, 열등감 및 성격상의 결함 등이 있다. 그밖에 청중의 심리적 반응을 잘못 해석하기 때문에 일어나는 경우도 있다.

또한 어떤 근심 때문에 발표하는 사람의 주의력이 바깥, 즉 청중으로 향하지 못하고 자신에게 집중되는 경우가 있을 것이다. 특히 어떠한 말을 함으로써 공격이나 테러를 당하지 않을까 하는 두려움이나 자기의 말이 좋지 않게 평가될까 우려해서 긴장하는 경우도 있다.

스피치를 하는 사람은 정도의 차이는 있겠지만 자신의 스피치가 잘돼야 한다는 강박 관념을 갖는다. 하지만 긴장이 지나치면 불안감이 생긴다는 데 문제가 있다. 대부분의 발표 불안증은 대인 공포증과 같은 성격적인 결함에서 나오는 것보다 스피치를 해야 하는 상황의 중요성을 인식하는 데서 발생한다.

스피치를 잘해야 한다는 강박 관념, 스트레스와 청중의 반응이 어떻게 나올지 모르는 불확실성 때문에 발표 불안증이 일어나는 것이다. 좀 더 구체적으로 살펴보면 대개 다음과 같은 경우에 발표 불안증을 느낀다.

1. 여러 사람을 상대로 하는 스피치의 경험이 부족할 때
2. 과거에 반응이 좋지 않았거나 굴욕적이었던 경험이 있을 때
3. 실패하지 않을까 하는 두려움을 가질 때
4. 스피치의 준비(말할 내용)가 불충분했을 때

이러한 이유들로 발표 불안증에 사로잡히면 긴장과 흥분, 초조감을 갖게 되고, 지나치면 말투와 행동도 부자연스러워진다. 이 같은 불안한 심리는 스피치를 준비할 때부터 느껴지기 시작해서 실행 직전이나 스피치를 시작하기 전후에 최고조에 달한다. 그리하여 스피치를 해나가는 동안 적응하게 돼서 끝날 무렵이면 모든 불안 심리로부터 벗어난다.

스피치를 불안해하는 사람 대부분은 경험이 부족해서 스피치를 해야 할 상황을 피하거나 미루거나, 그 상황을 모면하려 한다. 어떻게서든지 발표 불안 장애를 극복하지 않으면 좀처럼 스피치를 잘할 수가 없다.

발상을 180도로 바꿔라

어떤 모임에서 여러 사람에게 말할 기회가 있으면 회피하지 말고 정면으로 부딪쳐야 한다. 떨려도 해야 하고, 부끄러워도 해야 한다. 스피치를 재차 시도하고 경험하게 되면 차츰 발표 불안 증세가 줄어든다. 더 한층 불안 증세를 줄이거나 없애려면 자신을 불안하게 하는 요인이 무엇인가를 분석하고 발상을 전환해야 한다. 다음과 같은 것들이 발상을 바꾸는 요령이다.

1. 스피치가 어렵고 힘든 과정이라는 부정적인 생각이 들 때 스피치는 오히려 좋은 기회라고 바꾸어 생각하라.

2. 자신의 발표 능력을 스스로 과소 평가하고 있는 것은 아닌가? 능력이 있기 때문에 자신에게 스피치할 기회가 온 것이라고 생각하라.

3. 청중을 감동시키는 세련되고 화려한 스피치를 해야겠다는 강박 관념에 빠져 있지는 않은지? 그러한 외적인 것보다 내적인 것, 즉 발표 내용이

더 중요하다고 생각하라.

4. 스피치할 개요와 연습이 미흡했는지? 그렇다면 준비와 연습을 철저히 하면 아주 잘할 수 있을 것이라고 생각하라.

그밖에 기회가 된다면 스피치할 장소의 특성 등을 미리 익혀두고 돌발적인 상황 등에 대처할 요령들을 미리 생각해 두면 한결 자신감이 생긴다.

불안증을 어떻게 극복할까

스피치 불안증은 불안, 그 자체가 문제가 아니라 불안한 정도의 문제가 있다는 것을 알아야 한다. 우리는 자신이 불안해하고 있기 때문에 불안해하는 경향이 있다. 불안증이 문제가 아니라 불안해 한다는 사실이 더 불안하다는 얘기다.

따라서 불안증을 부정하거나 없애려 하지 말고, 어떻게 극복할 것인가, 그 방법을 제대로 알아내는 것이 더 중요하다. 먼저 스피치를 준비하는 과정에서 발표 불안증을 극복하는 방법은 다음과 같다.

첫째, 성공적인 역할 모델을 활용하는 것이다. 자신이 좋아하거나 존경하는 인물을 역할 모델로 정해서 그의 가치관, 자신감, 태도, 말투, 제스처 등을 면밀하게 분석한다. 그리고 그러한 것들이 자신에게 익숙해질 때까지 역할 모델을 모방하는 방법이다. 그리하여 어느 정도 자신감이 생기면 자기만의 스타일을 연구해서 응용하는 것이다.

둘째, 수줍음을 극복해야 한다. 수줍음은 낯선 환경이나 낯선 사람들을 꺼리는 심리라고 할 수 있다. 이를 극복하기 위해서는 낯선 사람을 대하거나 낯선 환경에 처했을 때 편안해지려고 스스로 노력해야 한다. 자신에게 주어진 스피치는 아무도 대신해 줄 수 없기 때문에 갖가지 장애 요소들을 스스로 극복하려는 노력이 필요하다. 무엇보다 자신감을 가져야 하고, 과감성과 적극성이 있어야 한다. 자신을 믿어라. "내가 그 정도를 못할까봐? 그럼 내가 아니지." 하며 자신감과 용기를 스스로 북돋우는 것이다.

청중들은 사실, 자신이 느끼는 것보다, 발표자가 긴장하고 있다는 점을 모르는 경우가 많다. 자신감을 갖고 여유 있는 자세로 스피치를 한다면 스스로 익숙해지며 정말 자신 있게 스피치를 하게 된다.

셋째, 자기 예언을 하는 것이다. 불안증을 유발하는 요인은 자신과의 말하기에서 대개 유발된다. 따라서 '나는 잘할 것이다'라는 자기 예언과 자기 암시를 한다면 한결 불안증이 줄어든다. 불안증이 있는 사람은 대개 한번 발표에서 좋지 못한 결과가 나오면, 그 다음부터 더욱 불안해하는 악순환에 빠지기 쉽다. 그것은 잘못된 것이다. 그 어떤 사람도 처음부터 빼어나게 잘하는 사람은 없다. 경험을 쌓으면서 차츰 향상되는 것이다.

자기 스피치의 결과가 별로 좋지 않으면 그것을 텍스트로 삼아, 왜 결과가 좋지 않았는지, 자신이 무엇을 제대로 못했는지, 불안감의 정도는 어떠했는지를 면밀하게 분석하고 시행착오를 줄이면 그 다음엔 훨씬 향상된 스피치를 한다. 그럴 때도 자기 예언, 자기 주술을 걸어라.

"나는 지난번보다 훨씬 잘 할 수 있다."

틀림없이 다음 스피치는 크게 향상될 것이다.

넷째, 구체적인 목표를 설정하여 자신을 조정하는 것이다. '유비무환有備無患'이라는 말이 있다. 미리 준비하고 대비하면 걱정이 없다는 뜻이다. 이미 앞에서 자주 설명했지만, 불안해하는 이유 가운데는 준비를 잘못했거나 준비가 부족한 데서 오는 경우가 많다.

준비가 완벽하지 못하면 누구라도 불안할 수밖에 없다. 발표의 의의와 목적, 주제 등을 숙지하고, 스피치를 어떻게 전개해 나갈 것인지, 내용의 틀을 짜고, 사이사이에 적절한 인용이나 예화 등을 미리 준비해서 완성된 원고를 만들어 놓는다면 무엇이 불안하겠는가?

그 다음엔 연습만 하면 된다. 불안할수록 내용을 거의 암기할 정도로 연습하라. 그러면 불안한 것이 아니라 오히려 스피치할 시간이 기다려질 것이다. 혹시 스피치 도중에 놓쳐버릴 것 같은 부분은 눈에 잘 띄게 원고에 밑줄을 긋는다거나, 색연필로 표시해 두면, 스피치하다가 원고를 볼 때 눈에 잘 들어온다.

다섯째, 실제로 발표하는 것처럼 충분히 연습하는 것이다. 앞선 설명의 보충이지만 아무리 준비를 많이 했더라도 실제로 발표를 할 때는 돌발적인 상황이 있을 수 있고, 당황하거나 실수하는 경우가 많다. 따라서 실제로 발표하는 연습을 한다.

내용에 따라 억양은 어떻게 가져가고 표정이나 제스처는 어떻게 할 것인지, 어떤 유머로 청중의 반응을 유도할 것인지, 차근차근 검토하며 연습하라. 발표 연습을 녹음해서 들어보며 어색한 부분, 미흡한 부분을 체크하고, 그것을 시정하여 연습해 나간다면 발표할 때 마음의 여유와 자신감이 생겨 불안감도 사라지고 좀처럼 실수하지 않을 것이다.

마지막 연습은 경직된 태도가 나오지 않게 하고, 원고를 외우는 듯한 인상을 주지 않고 그야말로 스피치, 즉 말하듯이 하는 연습을 반복하는 것이다.

여섯째, 강단에 서기 전에 긍정적인 확신을 다짐하는 것이다. 발표에 앞서 강단 뒤에서 대기하고 있는 시간이 가장 떨리는 시간이다. 이때 너무 긴장해서 불안한 마음을 키우거나 '잘 못할 것 같은데….'와 같은 식의 부정적인 생각에 빠지면 정말 발표를 그르치기 쉽다. 오히려 '별 거 아냐. 나는 잘할 수 있어'를 반복하면서 스스로 다짐하는 것이 효과적이다. 갈증이 생기면 물을 조금씩 마시며 목을 다스리는 것이 좋다.

일곱째, 시작하기 전에 2~3초간 휴지 시간을 갖는다. 강단에 서서 발표하기 전에 잠시 숨을 고르고 청중을 향해 미소를 지으면 좋다. 청중과 눈을 맞추면서 깊은 숨을 쉬면 긴장감이 한결 누그러진다. 첫 대목부터 약간의 몸동작을 주어 자연스러운 분위기를 이끄는 것이 좋다. 약간의 제스처나 한두 걸음 옮기면서 청중을 천천히 바라보면 마음의 여유가 생긴다.

여덟째, 편안하게 대해주는 청중 몇 명을 찾아 그들을 바라보며 말한다. 발표를 진행하다 보면, 청중들의 표정이 눈에 들어오고 강단에서 가까운 쪽에 앉아있는 사람들과 자주 시선이 마주치기도 한다. 청중들의 표정은 갖가지다. 그 가운데 가볍게 미소를 띠고 편안한 표정으로 바라보는 청중들도 있다. 되도록 그들을 바라보며 발표를 계속해 나가면 자신의 마음도 편안해진다.

그렇다고 해서 한두 사람만 집중적으로 쳐다보면 곤란하다. 가운데, 왼쪽, 오른쪽, 때로는 조금 먼 곳까지 골고루 시선을 주어야 자연스럽다. 어느 특정한 사람에게 집중하면 그 사람이 의아하게 생각하고 긴장한다. 또 다른 사람들도 이상하게 생각한다.

스피치를 잘하는 요령이 있다면

발표 불안의 형태는 여러 가지가 있으며, 사람마다 심리 상태가 다르기 때문에 그것을 극복하는 방법도 다를 수 있다. 아무튼 원인은 크게 두 가지라고 할 수 있다. 하나는 심리 상태이며 또 하나는 준비가 충분하지 못했을 경우이다.

심리 상태는 사람마다 다를 수밖에 없다. 어떤 사람은 평소에도 숫기가 없고 남 앞에서 말을 잘 안 하거나 적게 하는 사람, 또 많은 사람 앞에 나서는데 공포증을 가진 사람도 있다. 스피치의 준비가 충분하지 않다는 것은 몇 가지로 나눠 생각해 볼 수 있다.

우선 스피치, 강연할 주제와 강연 시간이다. 주어진 시간이 한 시간이라면 한 시간 동안 발표할 내용을 주제에 맞게 정리해야 한다. 그런데 청중 앞에서 발표한 경험이 많지 않은 사람, 길게 스피치해 본 경험이 부족한 사람일수록 이것을 맞추는 일이 만만치 않다.

잠깐 동안 여러 사람 앞에서 자기 의견을 얘기하거나, 길어봤자 10분, 20분 정도 혼자 나서서 자기 견해를 밝히는 경우는 자주 있겠지만, 스피치 시간이 30분을 넘는다면 사정이 달라진다. 그야말로 30분 동안 질서정연하게 주제에 따라 발표할 사전 준비가 되어 있지 않으면 안 된다. 그런데 한 시간이라면 스피치 초보자에게는 대단히 긴 시간이다. 솔직히 얼마나 많은 얘기를 해야 한 시간을 채울 수 있을지 가늠조차 어렵다.

따라서 나름대로 열심히 준비했지만 막상 발표를 하다 보면 내용의 분량이 적어서 도저히 한 시간을 채울 수 없을 경우도 있고, 또 너무 분량이 많아서 한 시간에 그 절반도 못할 경우도 있다. 결과적으로 이것도 준비 부족이라고 할 수 있다. 그렇게 되면 발표자는 불안할 수밖에 없다. 발표하는 도중에 어떻게 한 시간을 채울지, 또 어떻게 한 시간 안에 이 많은 내용을 다 말할 수 있을지 전전긍긍하게 된다.

또 다른 준비 부족은 발표할 주제에 대해 자신이 얼마나 전문 지식을 갖고 있느냐 하는 것이다. 발표자 자신이 주제에 대한 지식이 부족하면 불안할 수밖에 없다. 예컨대, '환경'에 대해서 스피치를 해야 한다면, 환경에 대한 무엇을, 어느 수준에서, 어떻게 설명할 것이며, 강조하려는 것은 무엇이며, 어떻게 합리적이고 논리적으로 기승전결을 이끌어갈 것인지 걱정부터 앞선다. 또한 전문 지식이 너무 많으면 짧은 시간을 어떻게 간추려서 핵심을 강조할 것인지 부담스럽다.

결론은 스피치 경험이 쌓여가면서 주어진 시간에 맞춰 스피치 내용을 준비하는 요령도 생기고, 주어진 시간에 따라 효과적으로 발표하는 요령도 생겨 자신감을 갖게 된다. 거듭 강조하지만 첫째는 경험이지만 경험이 부족할 경우, 철저히 연습하는 방법밖에 없다. 먼저 원고를 작성한 뒤 끊임없이 연습하면서 주어진 시간에 맞는지, 너무 분량이 적으면 어디를 보충해야 하는지, 너무 분량이 많으면 어느 부분을 빼야 할지 자신이 조절해 나가야 한다.

다음 심리 상태, 발표자의 정신적 문제는 이미 계속해서 설명했다. 어떤 이유로든 준비가 부족할 때 불안감은 더 커진다. 나름대로 충분히 준비하고 연습을 했더라도 불안하다. 혹시 발표 중에 갑자기 생각이 잘 안 날 수도 있고, 돌발 상황이 발생해서 헷갈릴 수도 있으며, 원고를 준비했더라도 그것을 읽어나가지 않는 한, 원고가 잘 안 보일 수도 있다. 따라서 만약의 경우를 대비해서 다음의 요령을 참고하는 것이 좋다.

1. 발표할 내용의 앞부분은 어느 정도 외우도록 하라.
2. 자세한 아우트라인outline을 작성하라.
3. 그 아우트라인을 연단 위에 놓고 하라.
4. 가능하면 아우트라인을 암기해서 쉽게 머릿속에 떠오르도록 하라.

그 다음, 발표자의 심리 상태, 정신적인 문제는 다시 한 번 짚고 넘어갈 필요가 있다. 먼저 열등 의식을 없애야 한다. 자신이 느끼고 있는 정신적인 압박감이 자신에게만 있는 것이 아니라 다른 사람도 모두 그러한 공포감, 긴장감을 갖고 있다. 너무 두려워할 필요가 없다.

또한 적당한 긴장감은 오히려 필요하다. 우리의 일상에서 스트레스가 전혀 없는 것보다는 약간의 스트레스가 있는 것이 긴장감을 주어 활력에 도움이 되는 것처럼, 스피치에서도 어느 정도 긴장감이 있어야 발표에 집중할 수 있다. 예컨대, 운동 선수들이 전혀 긴장감이 없다면 경기에 집중할 수 있겠는가?

육상 선수나 수영 선수들은 스타트라인에서 무척 긴장하고 집중한다. 그래야 출발 신호에 빨리 반응한다. 그 때문에 출발 신호보다 몸이 먼저 반응해서 실격을 당하기도 하는 것이다. 여자 피겨의 김연아 선수가 세계선수권대회에서 우승을 차지했다. 우리는 경기를 보면서 김 선수가 회전 점프를 하다가 넘어지지 않을까, 마음을 졸이며 긴장한다. 경기를 보는 사람도 그런데, 경기하는 김 선수는 얼마나 긴장하겠는가. 긴장은 집중력이다.

멜파톤이라는 유명한 외국의 단거리 육상선수는 중요한 경기의 출발 직전에는 사람들의 얼굴이 제대로 보이지 않을 만큼 신경이 흥분된다고 했다. 알프레드란트라는 유명한 배우도 공연이 시작되기 전에는 무척 긴장한다고 털어놓았다.

미국에서 가장 유명한 연설가인 노맨 토마스는 연설을 시작하기 전, 긴장감 때문에 이리저리 서성거린다고 했다. 유명한 가수 슈만 하이크는 음악회에서 노래를 부르기 전에 흥분하느냐는 질문을 받고 "노래하기 전에 흥분하지 않는다면 그 때는 내가 은퇴하지 않으면 안 될 때일 것이다."라고 했다. 이와 같이 유명한 전문가들도 흥분하고 긴장하는데 내가 흥분하고 긴장한다고 해서 이상할 것이 없다. 그러나 너무 긴장되고 신경이 흥분된다면 다음과 같이 생각하라.

1. 스피치를 잘하는 사람들도 흥분한다.
2. 오히려 흥분과 긴장은 집중력을 높여줄 것이다.
3. 내가 발표하는 목적과 내용이 완전하게 준비되었다면 적당한 긴장감이 그것을 잘 이끌어낼 것이다.

그러한 마음의 준비를 갖추고 있음에도 자꾸 떨린다면 어찌할까? 다행히 자신이 발표할 차례를 기다리고 있다면 몸과 마음의 긴장을 풀고 현재 발표하고 있는 사람의 말을 경청하는 것이다. 또는 천천히 규칙적으로 깊은 호흡을 하는 것도 긴장감을 이완시켜 준다.

　마침내 발표를 하면 자신의 태도나 말투, 제스처 등에 너무 신경 쓰지 말고 청중들의 반응에 더 신경을 쓰는 것이 좋다. 연단으로 나갈 때는 너무 서두르지 말고 보통 걸음으로 나가고, 여유 있게 청중을 훑어본 뒤, 약간의 침묵으로 청중들이 자신에게 집중하게 한다. 아울러 너무 청산유수로 매끄럽게 말하려고 애쓰지 말아야 한다. 발표의 한 단락이 끝나면 역시 포즈(쉼)를 두었다가 다음 단락으로 넘어간다. 그러면 잠시 포즈를 두는 동안에 다음 단락을 생각할 여유를 갖는다. 혹시 발표 도중에 다음의 얘기가 잘 떠오르지 않으면 앞에 한 말을 강조하듯 되풀이 하면서 생각할 여유를 갖는다.

　가수들이 노래하는 것을 보면 손동작이 자연스럽다. 한 손으로 마이크를 들고, 나머지 한 손으로 자연스럽고 노래의 분위기에 맞는 갖가지 제스처를 쓰거나, 또는 한쪽 손을 적당히 구부리고 노래하는데 전혀 어색하지 않다. 그런데 아마추어인 우리들이 노래할 때는 마이크를 잡지 않은 나머지 한쪽 손의 처리가 만만치 않다. 노래 부르는 사람의 손 처리가 자연스럽지 못하니까 듣는 사람이 보기에도 어딘지 어색하고 부자연스러워 보인다.

　스피치도 그와 마찬가지다. 말은 조리 있고 침착하게 잘하지만 몸동작이 어색하면 듣는 사람도 불편하고 발표자의 말보다 몸 동작에 신경이 쓰인다. 발표자 자신도 몸 동작에 신경을 쓰지 않을 수 없다. 군인처럼 차렷 자세로 서서 발표할 수도 없고, 이리저리 산만하게 왔다 갔다 하며 말을 할 수도 없고, 연단에서 원고만 읽어나가기도 어색하고 자연스런 몸동작이 있어야 하는데 어찌해야 할지, 발표자도 자신의 몸동작에 신경을 쓰는 경우가 많다.

발표하기 전에 몸의 긴장을 푸는 방법은 여러 가지가 있다. 운동 선수들이 근육의 긴장을 풀어주기 위해 준비 운동을 하듯이 긴장감이 심한 발표자라면 발표하기 전, 몸과 근육의 긴장을 풀어줄 필요가 있다. 지압법, 숨 고르기법, 요가 훈련법, 염력법念力法도 있고, 연극 배우 등이 사용하는 보다 전문적인 방법도 있다.

그러나 일반적인 경우, 발표를 앞두고 좀처럼 긴장이 사라지지 않는다면 근육이 경직될 수 있다. 성악가, 가수, 아나운서 등은 가볍게 발성 연습을 함으로써 입과 혀의 긴장을 풀어준다. '아, 이, 우, 에, 오'를 높게 낮게 내보기도 하고, 심호흡을 반복하고, 목운동을 하고, 턱관절을 움직여 부드럽게 해준다. 무척 긴장하고 있는 발표자라면 그들의 발성 연습과 목, 턱관절 풀어주기를 해보는 것도 효과적인 방법이다.

몸의 긴장은 근육을 가볍게 풀어주면 된다. 부드럽게 체조를 해보고, 스트레칭하듯 목, 손, 허리 등을 풀어주면 근육의 긴장이 완화될 뿐 아니라, 정신적 긴장감도 많이 해소된다.

연단에 서서 발표를 시작하면 제스처, 즉 몸동작에는 너무 신경을 쓰지 말고 자연스럽게 손을 움직이거나 한두 걸음 움직이는 것이 좋다. 편안한 자세가 우선이다. 발표자가 편안해야 듣는 청중도 편안하고 발표 내용에 집중할 수 있다. 마치 웅변하듯 지나치게 과장된 제스처나 의도적인 몸동작은 오히려 부자연스럽고 역효과를 가져 오기 쉽다.

목소리의 톤, 즉 높낮이는 마이크가 있다고 해서 너무 낮으면 자신감이 없어 보이고 너무 높으면 흥분했거나 긴장한 것으로 보인다. 역시 자연스러운 말 높이에서 청중을 대상으로 하는 만큼 약간 높게 잡으면 된다. 그러면서 강조할 때는 약간 높여주고 힘을 주어 높낮이를 조절한다.

말의 속도도 너무 빠르거나 너무 느려서는 안 된다. 너무 빠르면 마치 내용을 외우는 것 같고, 전달이 잘 안 될 뿐 아니라, 청중이 발표 내용에 몰입할 여유가 없다. 또한 발표자가 무척 긴장하고 있는 것처럼 보인다. 너무 느리면 무엇보다 듣는 사람이 지루하고 답답하다. 여유 있다기보다 준비가 부족한 것으로 보이기 쉽다. 평소 말하는 속도에서 약간 빨라야 긴장감을 준다. 정확한 발음과 표준말 사용은 기본이다.

외국어나 외래어, 속어의 사용은 유의해야 한다. 꼭 필요한 경우가 아니면, 속어, 비속어, 유행어 등의 사용은 삼가야 한다. 외국어, 외래어 역시 꼭 필요할 때만 사용하고, 정확하게 발음해야 한다. 일반인들에게 익숙하지 않은 전문 용어, 영어의 이니셜로 된 약어 등은 설명을 붙이는 것이 좋다.

가령, "WHO, 세계보건기구는…" 하는 식으로 풀어주는 것이 좋다. "피파에서는…" 하고 말하면 얼핏 '피파'가 무엇인지 듣는 사람이 금방 이해하기가 어렵다. 물론 앞뒤의 말을 통해 짐작은 할 수 있겠지만, '피파'가 정확한 발음인지도 생각해 볼 필요가 FIFA는 흔히 '피파'라고 발음하지만 '휘파'라고 발음할 수도 있다. 따라서 "피파, 국제축구연맹에서는…" 하고 풀어줘야 청중들이 쉽게 이해한다.

확신과 자신에 찬 말로 상대를 위로하라

스피치에서 발표자는 자신감이 필요하다. 자신 있게 발표해야 청중들은 공감을 얻는다. 발표자가 자신이 없는데 청중이 그 내용에 공감할 수 있겠는가? 발표자는 스스로 나의 발표에는 청중에게 전해 줄 확실한 메시지가 들어있다고 확신하는 자세가 필요하다. 공연히 긴장해서 "내가 잘할 수 있을까?" "실수라도 하면 어떡하지?" 하는 불안한 마음으로 발표하면 내용 자체도 확신이 서지 않는다.

그러기 위해서는 발표할 주제를 충분히 연구하고 내용을 완전히 자기 것으로 만들어야 한다. 그냥 남의 얘기 전하듯이 발표하면 설득력이 없다. 확신에 찬 자기주장이어야 강력한 설득력을 가진다. 그렇다고 해서 자기 발표의 중요성을 너무 과대평가해서 이처럼 중요하니까 청중들도 무조건 공감해야 한다는 식으로 강요하면 크게 역효과다. 판단은 청중들이 하는 것이다. 발표자가 아무리 중요하다고 주장해도 청중들이 발표를 들으며 공감하지 못한다면 아무런 의미가 없다. 자칫하면 실없는 발표자가 된다.

또한 자신의 발표를 듣는 청중이나 모임의 분위기가 엄숙하다고 해서 그것을 마치 자기 발표의 중요성을 그들이 알고 있기 때문으로 착각해서는 안 된다. 청중의 분위기를 만드는 것은 바로 발표자다. 엄숙하던 분위기도 발표자의 발표 내용과 스피치 기술에 따라 편안하게 들을 수도 있고, 산만하던 분위기가 엄숙해지고 발표 내용에 몰입할 수 있다.

청중의 분위기가 좀 딱딱하게 느껴진다면, 발표 내용이 심각한 것이 아닐 경우, 발표의 첫머리에서 가벼운 유머로 시작하여 편안한 분위기로 유도하는 것이 좋다. 발표 내용은 심각한 것이 아닌데 청중들이 모두 엄숙하고 분위기가 딱딱하면 발표자도 쑥스럽고 멋쩍다. 공연히 분위기에 말려들어 심각하지 않은 내용을 딱딱하게 전달한다면 아무런 효과도 얻지 못한다.

이를테면 회사 안에서의 남녀 평등에 대해 발표한다면, 적당히 웃음 나올 만한 에피소드로 얘기하고, 남녀 불평등의 사례를 재미있게 얘기해야 청중도 웃으면서 공감한다. 그런데 마치 웅변하듯 연단을 주먹으로 두드리며 격렬하게 얘기하면 "예수를 안 믿으면 지옥 간다"는 허황된 외침처럼, 청중들은 어처구니없어 하며 발표자를 이상하게 생각한다.

발표 도중에 자기도 모르게 흥분하는 경우가 있다. 속된 말로 '자가 발전'이다. 약간의 흥분은 분위기를 돋우지만 지나치면 전혀 설득력이 없다. 청중들은 발표를 듣고 일어서면서 "별 것도 아닌 걸 가지고 왜 그렇게 흥분해서 떠드는지 모르겠어." 하며 의아해 할 것이다.

발표를 하다보면 자기도 모르게 주제에서 벗어나 엉뚱한 방향으로 흐르기도 하고, 돌발 상황이 일어나 어떻게 대처해야 좋을지 당황스러울 경우도 있다. 한참동안 열심히 떠들었는데 주제에서 크게 벗어나 있다면 다시 제자리와 순서를 제대로 찾지 못할 수 있다. 대개 어떤 에피소드나 예화, 유머를 얘기하다가 주제를 놓치는 경우가 많다.

그렇다고 너무 당황할 필요는 없다. 여유가 필요하다. 다음에 발표할 부분을 놓쳤다면 "내가 어디까지 얘기했는지 모르겠네." 하면서, 원고를 보며 순서를 찾는 여유가 있어야 한다. 그러면 청중도 그냥 웃고 넘어간다. 그것도 발표 잘하는 사람들의 요령이다. 발표 경험이 부족한 사람들은 주제에서 벗어난 것을 알면 당황하고 스스로 쩔쩔맨다. 당황은 금물이다. 아무리 어려운 고비가 있더라도 자신 있게 밀고 나가야 한다.

어떻게 말해야 상대의 호응을 얻을까

대중 스피치란 바닷가에 밀려오는 파도처럼 변화무쌍한 흡인력으로 청중을 사로잡을 수 있어야 한다. 대중 스피치는 강의가 아니다. 지나치게 논리를 앞세워 강변을 늘어놓거나 나열하는 형식의 스피치는 청중 호응을 얻기 어렵다. 앞에서도 설명이 있었지만 좀 더 구체적으로 요약해 보자.

내용과 어조(음의 높낮이, 강약)의 적절한 변화가 있어야 한다. 다음 무엇보다 부담 없는 소재의 선택이 중요하다

어떤 주제가 주어졌다면 경우가 다르지만 자신의 의견을 피력하는 스피치일 경우 시사적이거나 일상생활에서 쉽게 겪고 느낄 수 있는 에피소드들을 적당히 응용할 수 있는 소재가 좋다. 청중 공포증이 있다면 마음가짐이 중요하다. 평소 몇 사람끼리의 대화를 잘하는 사람도 많은 사람 앞에 나서서 무엇인가 발표를 해야 한다면 겁을 먹는 사람들이 있다. 평상심의 유지가 중요하다. 가령, 100명 앞에서 얘기한다면, 1대 1의 대화 때나 똑같은 말을 100명에게 할 뿐이라고 생각하라.

대중 스피치란 거창한 것이라는 고정 관념에서 벗어나면 이웃집 사람에게 인사하듯이 차분하게 청중 앞에 나설 수 있다. 다만, 대중 스피치는 사람이 많이 모여 있으니 마이크를 쓰는 것이며 시간이 한정되어 있으므로 좀 더 조리 있게 말해야 한다는 차이점뿐이다. 그냥 공개 장소에서 토론하는 것과 같다고 생각하면 그만큼 부담감이 줄어든다.

연단에서는 침착해야 하며, 서두르지 말아야 한다. 그렇다고 무기력해 보이면 안 된다. 당당하고 자신감 있는 태도로 청중을 바라보라. 청중의 몸 움직임이나 자세에 너무 민감할 필요는 없다. 현재 자신의 모습이 청중에게 어떻게 받아들여지고 있는지 지나치게 의식하다 보면, 공연히 위축되거나 생각하지도 않던 실수를 범할 수 있다. 사실 발표자가 청중보다 심리적으로 우위에 있는 것이다. 청중의 반응에 지나치게 민감할 필요가 없다.

청중을 무시해서는 안 되지만 너무 과대평가할 필요는 없다

청중이나 상대가 나보다 더 많이 알고 나보다 더 말을 잘할 수 있기 때문에 나의 말 따위는 하찮게 들릴 것이라는 선입견을 갖지 말라는 것이다. 물론 청중의 평균적인 수준이 발표자보다 높을 수도 있지만 청중을 주도하는 것은 발표자다.

또한 이 세상에 완전무결한 스피치를 구사하는 사람은 아무도 없다. 누구나 입장을 바꿔놓고 보면 당신만큼 긴장할 것이다. 중요한 것은 최선을 다해 자신의 견해를 전달하는 것이다. 그리고 더욱 중요한 것은 지나치게 긴장하는 것이다. 거듭 말하지만 발표자가 지나치게 긴장하면 발표의 내용도 제대로 전달할 수 없거니와 청중들도 긴장해서 분위기가 경직된다. 발표자나 청중이나 똑같은 사람이다. 두려워하고 긴장할 이유가 없다. 같은 사람끼리 한쪽은 나서서 말하고, 다른 사람들은 그 말을 듣는 것인데 무엇이 두려운가.

다른 사람의 평가나 시선에 얽매이지 말고 선택된 주제에 열중해야 한다

발표자가 어떤 주제를 가지고 얘기한다고 해서 발표자가 반드시 그 주제에 대해 확고한 견해를 가지고 있다고 말하기는 어렵다. 때로는 그 주제가 발표자 본인이 선택하지 않은 것일 수도 있다. 많은 것을 참고해서 집약된 견해를 내놓을 수도 있으며, 전문가의 다른 주장이나 견해를 전달할 수도 있다.

주제에 너무 부담을 갖지 말라는 것이다. 그렇다고 해서 마지못해 하는 식으로 발표하면 스피치는 실패한다. 차분하게 어떤 주제에 대해서 자신의 견해나 여러 사람의 견해를 전달한다고 생각하라. 다만 발표자는 그 주제와 이야기 속에 자기 자신을 투입시켜야만 한다. 남 말하듯이 그냥 옮겨놓아서도 안 된다. 그러기 위해서는 주제를 나름대로 철저하게 소화시키는 노력이 필요하다.

"내가 이런 주제를 말할 자격이 있나?"

"주제를 바꾸면 안 될까?"

하는 생각은 금물이다. 그럴수록 자신감이 떨어져 위축되고 긴장되며, 청중들에게 공포감을 느끼게 만드는 것이다. 이 주제는 발표할 가치가 있는 것이며, 또 나한테 주어진 임무라는 사명감으로 몰입해야 한다.

남의 흉내를 내지 말아야 한다

앞에서 자신 없는 사람이 스피치를 해야 할 경우, 스피치 잘하는 역할 모델을 선택해서 그를 모방해 보라고 했다. 틀린 말을 한 것은 아니다. 준비와 연습 과정에서 그렇게 하라는 것이다. 그런 방법으로 어느 정도 스피치 잘하는 사람, 역할 모델을 흉내 낼 수 있으면 그 다음은 자기 자신의 스타일로 바꿔야 한다고 했다.

발표자가 어떤 스피치를 잘하는 사람이나 유명인의 말투, 말씨, 억양, 제스처를 그대로 흉내 낸다면 스피치는 실패한다. 마치 개그맨이 유명인 흉내 내고 유명한 가수의 노래를 모창하듯이 흉내 내는 스피치를 한다면 청중은 스피치 내용에는 관심이 없고 그의 흉내 내는 모습만 재미있어 한다. 발표는 완전히 실패하는 것이다.

누군가를 흉내 낸다는 것은 아무리 잘해도 그 사람만큼 할 수 없을 뿐 아니라, 자신의 능력을 최대한 발휘할 수 없다. 누구와도 견줄 수 없는 자기만의 스타일이 있는 것이 오히려 도움이 된다. 그것은 결코 어려운 일이 아니다. 과장되거나 꾸미지 않고 자신의 모습을 그대로 보여주면 된다.

즉흥조로 스피치하라

즉흥조라고 해서 정말 즉흥적으로 스피치를 하면 곤란하다. 철저한 준비를 하되 발표할 때는 즉흥적으로 하듯이 스피치가 자연스러워야 한다는 것이다. 미리 작성한 원고를 기계적으로 읽어서는 청중을 장악하기 어렵다. 자칫하면 누가 써준 원고를 대신 읽는 듯한 느낌을 주기 십상이다. 어떤 공적사항을 전달하는 담화문이나 수사 결과 발표와 같은 경우는 공정하고 정확하게 읽어나가면 된다. 그것은 스피치가 아니라 낭독하는 것이다.

하지만 대중 스피치에서 낭독은 아무런 의미가 없다. 청중들은 완전히 겉돌게 된다. 발표할 원고를 충분히 준비한 상태에서 자연스럽게 말하듯이 얘기하는 것이 즉흥조다. 내용도 충실해야겠지만 중요한 주제는 정확하고 명료하게 자연스러운 말투, 신념이 가득 찬 즉흥조의 말로 얘기해야 발표자의 확신이 전달되고 공감을 준다.

변명투로 말하지 말라

"저는 원래 말재주가 없어서…" "갑자기 발표자로 나서게 돼서 준비가 부족합니다." "많이 부족한 제가…" "능력이 없는 제가…" "그것에 대해서는 잘 알지도 못하는 제가…"와 같은 것이 변명투라고 할 수 있다.

그런 변명과 자신감 없는 태도는 청중을 지배하지 못한다. 청중들은 "들어보나마나겠군." "잘 알지도 못하고 능력도 없는 사람이 왜 나왔어?" 하며 의문만 갖게 된다. 그것은 겸손이 아니라 청중의 집중력이나 몰입을 방해할 뿐이다.

지나치게 감정을 억누르지 말아야 한다

앞서 스피치할 때는 너무 흥분해서는 안 된다고 했다. 그러나 자연스럽게 솟아오르는 솔직한 감정을 너무 억압할 필요는 없다. 그때그때 솟구치는 감정이 있다면 그것을 솔직하게 드러내는 것이 좋다. 물론 감정의 과장은 금물이다. 진정성 있는 감정이라면 청중도 그것에 충분히 반응하고 공감한다.

틀리는 것을 두려워 말고 자신 있게 표현하라

경험이 부족한 발표자가 자꾸 원고에 의존하려거나 원고를 읽어나가기 쉬운 것은 자칫하다가 틀리는 실수를 없애기 위해서다. 그러나 말은 하다보면 틀릴 수도 있다. 아무리 원고를 거의 외웠다고 하더라도, 글자 한 글자 안 틀리고 원고와 똑같이 가기는 어렵다. 말과 글에는 차이점이 있기 때문이다.

주제와 내용의 맥락에서 벗어나지 않는다면 원고와 다소 차이 나게 얘기해도 큰 문제가 될 것이 없다. 때때로 적당한 애드립(즉흥적인 말)도 필요하다. 그것이 발표의 생동감을 주고 청중들의 분위기를 좋게 한다. 발표자의 경직된 태도는 말이 틀리는 것만 못하다. 또한 자신의 표현이 적절치 못했다고 여겨지면 이것을 고치거나 다시 바꿔서 표현하면 된다. 따라서 "틀리면 어떡하나" 하고 두려워할 것이 아니라, 자연스럽게 얘기하라. 스피치와 발표문 낭독은 다른 것이다.

공백pause을 두려워하지 말고 시간적 여유를 가져라

사람은 누구나 말이 막힐 때가 있다. 두 사람의 대화에서도 그렇다. 상대방의 질문에 얼른 대답이 안 나올 수도 있고, 내가 해야 할 말이 잘 안 떠올라 잠시 머뭇거릴 수도 있다. 대화 중에 순간적인 공백, 침묵, 끊김은 흔한 일이다. 스피치 도중에도 얼마든지 그럴 수 있다.

갑자기 얘기해야 할 대목이 안 떠오르거나 잠시 주제에서 벗어난 얘기를 하다가 제자리, 다음 순서를 찾느라고 머뭇댈 수 있다. 경험이 부족한 발표자는 그럴 때 무척 당황한다. 허겁지겁 원고를 들여다보지만, 당황할수록 원고 내용이 눈에 잘 들어오지 않는다. 그러면 더욱 당황한다.

그것은 스피치 중에 끊어짐이 없어야 스피치를 잘하는 것이라는 강박 관념 때문이다. 자연스럽게 생각나는 대로 발표하겠다는 자세를 가져야 한다. 준비한 원고대로 스피치를 정확하게 표현해야 한다는 생각은 경직된 생각이다. 원고는 밑바탕, 토대일 뿐이다. 스피치의 내용을 구성하는 주제나 전개, 결론 등만 분명하면 된다. 내용에 따르는 세세한 부분은 스피치 도중에 얼마든지 바뀔 수 있다. 청중들의 분위기에 따라 현장에서 즉흥적으로 바꾸기도 한다.

스피치를 하다 보면 준비한 내용 가운데 많은 것을 발표 못할 수도 있고, 자신이 의도했던 내용과 많이 달라질 수도 있고, 자기도 모르게 빼놓고 건너뛰는 부분도 있다. 또한 제한된 시간에 쫓겨 부득이 건너뛰어야 할 부분도 있고, 오히려 시간이 남아 즉석에서 좀더 보충해서 길게 얘기해야 할 경우도 있기 마련이다.

스피치를 잘하는 사람들도 마찬가지다. 우리가 그의 스피치를 들었을 때 완벽한 것 같지만, 자신이 준비했던 내용과 많은 차이가 있을 수 있다. 경험이 부족한 발표자들은 되도록 원고에 충실하려고 애를 쓰는 경향이 있다. 그러다가 준비한 내용에서 조금만 빗나가도 당황한다.

경우에 따라서 어느 부분은 과감하게 원고를 읽어도 상관없다. 특히 복잡한 인용구 같은 것을 억지로 외우려 하지 말고 원고를 들여다보면, "아무개가 이렇게 말했습니다." 하고 자신이 인용하는 부분을 그대로 읽는 것이 더 정확할 수 있다. 가장 중요한 것은 너무 격식에 얽매이거나 경직되지 말고 자연스럽게, 그리고 핵심을 정확하게 얘기하는 것이 좋은 스피치라는 사실이다.

발표자 혼자서 말하려고 하지 마라

발표자들은 거의 대부분 자신에게 주어진 발표 시간 동안 빈틈없이 혼자서 말을 해야 한다고 생각한다. 그리고 청중은 자신의 발표를 묵묵히 듣는 사람들이라고 생각한다. 따라서 주어진 시간 동안 조금의 끊어짐도 없이 매끄럽게 혼자 말하려고 한다. 하지만 이것은 바람직한 발표자 자세는 아니다. 그것은 마치 아무도 없는 방안에서 혼자 떠드는 것이나 다름없다.

스피치에는 발표자와 청중의 교감이 있어야 효과를 발휘한다. 일상적인 대화에서 서로 말을 주고받듯이 할 수는 없지만, 분명히 청중이라는 상대가 있는 만큼 상호 작용inter-active이 있어야 한다. 청중과 교대로 말을 주고받을 수는 없다고 하더라도 간간히 청중에게 질문도 던져 대답이 나오기를 기다리기도 하고, 자신의 말에 대해 청중들에게 동의를 구하는 여유도 있어야 한다.

물론 청중에게 질문했다고 해서 곧바로 대답이 나오지 않는 경우가 흔하다. 그것을 감안하고 대답은 발표자가 하는 것이다. 자문자답이다. 또 대답이 나오는데 발표자가 원하는 대답도 있지만 엉뚱한 대답도 있다. 그럴 때 즉흥적으로 받아넘기거나 그렇지 않다는 설명을 해줘야 한다. 그러한 것이 스피치의 기술이다.

또한 청중에게 동의를 구하거나 다짐할 때도 마찬가지다.

"그렇지 않습니까? 여러분."

"저는 이렇게 생각하는데 여러분도 저와 생각이 같을 것으로 믿습니다. 그렇죠?"

하고 말하면 청중의 반응이 있기 마련이다. 이처럼 발표자와 청중이 상호 교감하는 스피치가 좋은 스피치다.

잔소리로 공백을 메우려 하지 마라

발표를 하다가 그 다음 말이 잘 생각나지 않을 때 공백이 생긴다. 말하자면 발표가 잠시 끊어지는 것이다. 그럴 때 공백을 메우기 위해 '에에…' '음…' '마…' '에 또…' '그리고…' 등의 공백을 메우려는 호흡이나 불필요한 연결음filter을 넣는 발표자들이 많다. 되도록 사용하지 않는 것이 좋다. 어떤 발표자들은 공백을 메우기 위해서가 아니라, 습관적으로 사용하는 데 연습을 통해서 고쳐 나가야 한다.

또한 불필요하게 반복적으로 쓰는 어투가 있다. '그러니까' '역시' '인제'와 같은 것들이다. 그 역시 습관이다. 발표자가 똑같은 어투를 되풀이하면 청중들은 무척 거슬린다. 마찬가지로 되풀이하는 어투도 연습을 통해서 고쳐나가야 한다.

자기 단점의 노출로
홀가분하게 상대를 대하라

계속해서 설명해 왔지만 스피치에서의 두려움, 공포증을 다시 한 번 정리하고 넘어가려고 한다.

거듭해서 얘기하지만 누구나 많은 사람 앞에 서면 긴장하고 부담을 느낀다. 어떤 사람은 사회생활에 지장을 받을 정도로 많은 사람들 앞에 서는 것을 두려워한다. 무대에 서본 경험이 없는 사람, 또는 무대에 섰던 경험이 있더라도 무대 공포증을 가진 사람들도 있다.

필자도 내성적인 성격으로 남 앞에 서는 것을 무척 두려워했다. 그러나 지금은 아무리 많은 청중 앞에서도 부담을 느끼지 않는다. 생각해 보면 경험이 스승이었다. 처음에는 무척 당황도 하고 실수도 많이 했지만, 차츰 경험이 쌓이면서 그런 시행착오들을 줄여나갈 수 있었고, 마음의 여유를 가질 수 있었다. 그야말로 경험보다 훌륭한 스승은 없다. 실수를 하더라도 자주 남들 앞에 서는 경험을 가져야 한다. 또한 욕심이 화를 부른다.

"이번에 무엇인가 반드시 보여주고 말겠어."

하는 강박 관념이 자신을 구속하기 때문이다.

"이번에 꼭 내 실력을 보여줘서 각광을 받아야겠어."

이런 욕심을 갖게 되면 스스로 긴장하게 된다. 너무 잘하려는 욕심이 자신을 경직시키는 것이다. 운동 선수들이 그런 강박 관념을 가지면 잘할 수가 없다. 가령 야구 경기에서 타석에 선 선수가 "이번에 꼭 홈런을 쳐서 내가 홈런 타자라는 걸 확실히 보여주겠어.""이번에 반드시 안타를 쳐서 감독에게 잘 보여야지." 하는 강박 관념을 갖게 되면, 흔한 말로 '힘이 들어간다'고 하는데, 이때 근육이 경직되는 것이다.

그래서 배트를 부드럽게 휘둘러야 하는데, 잔뜩 힘이 들어가 세게만 치려고 하니 더욱 더 공이 맞지 않고 설사 맞아도 멀리 가지 않는다. 그와 같이 스피치하는 사람도 힘을 빼야 한다. 발표자가 어떤 발표를 하든, 청중의 평가는 저마다 다르기 마련이다. 어떤 사람은 아주 좋았다고 하고, 어떤 사람은 그저 그렇다, 또 어떤 사람은 신통치 않다고 말한다. 자기 관점에서 평가를 하기 때문에 차이가 있을 수밖에 없다. 너무 청중의 평가에 연연해서는 안 된다. 최선을 다해 진정성을 가지고 스피치를 하고 나면, 청중들의 반응도 대체적으로 좋다. 청중의 반응에 너무 민감하면 스피치 도중에 중심을 잃기 쉬우니 너무 잘하려고 긴장하지 말아야 한다.

청중 공포증이 있거나 두려움이 있다면, 자신과 가장 가까운 친구와 마주 보고 얘기한다고 생각하라. 때로는 청중 가운데 한두 사람을 가장 가까운 친구로 설정하고 자주 그를 바라보면서 얘기하는 것도 좋은 방법이다. 우리는 보통 감정에 따라 행동이 바뀌는 것으로 알고 있지만, 그 반대의 경우도 있다. 행동에 따라 감정이 바뀔 수도 있다는 것이다. 이것을 심리학에서는 '가역

성의 법칙Law of Reversibility'이라고 한다. 긍정적으로 행동하면 긍정적인 감정이 만들어지고, 부정적으로 행동하면 부정적인 감정이 만들어진다는 것이다. 청중이 두려울 때 자신의 단점을 털어놓는 것도 한 가지 방법이다.

"제가 지금 이렇게 많은 분들 앞에 서니까 무척 떨리거든요."

하고 고백을 하고 나면 오히려 두려움이 사라지고 홀가분한 마음을 갖게 될 수 있다. 마치 범죄자가 힘들게 도망 다니다가 붙잡히면 오히려 마음이 홀가분하다고 하는 것과 마찬가지 논리다. 자신을 옥죄던 것을 털어놓음으로써 얻는 자유로움이라고 할 수 있다.

또한 스피치를 할 때 적절히 '자기 노출Self-Disclosure'을 하는 것도 두려움을 없애는 효과적인 방법이다. 자기 노출 또는 자아 노출이란 스피치를 실행할 때 적절하게 자신이 갖고 있는 은밀한 정보를 드러내면서 하는 말을 뜻한다.

"사실 저도 술을 무척 좋아해서 실수할 때가 많거든요."

"술 때문에 실수한 적이 한두 번이 아닙니다."

이렇게 자기 자신을 노출함으로써 청중과의 유대감과 친밀감을 갖게 되는 것이다. 자아 노출과 함께 사용되는 '자기 진술self-description'도 있다. 그것 역시 자신에 대해서 많이 알려진 사실들을 전달하는 것이다.

"제가 증권 투자를 하고 있다는 것은 회사에서 다 알려진 사실입니다. 그래서 업무 도중에 인터넷 증권 사이트를 검색하다가 부장님한테 꾸중을 들은 적이 한두 번이 아니죠."

이렇게 자기 진술을 함으로써 역시 청중과의 유대감, 친밀감을 높이면 청중에 대한 두려움도 사라지게 된다.

자존감을 높여 자아 개념을 성숙시켜라

사람은 누구나 성공하기 원한다. 하지만 성공하는 사람보다 실패하는 사람이 더 많다. 왜 그럴까? 여러 이유들이 있겠지만 그 가운데 자기가 자신을 바라보는 자아 개념이 잘못된 경우도 있다. 쉽게 말해서 성공하는 사람들은 긍정적인 자아 개념을 가지고 있는 데 비해서, 실패하는 사람들은 부정적인 자아 개념을 가진 사람들이 많다.

부정적인 자아 개념은 자신의 자존감을 낮춘다. 낮은 자존감은 인간의 무한한 잠재력을 마비시켜 성공의 길을 막는다. 또한 자기 스스로 열등감을 갖게 함으로써, 자기 연민에 빠져 세상을 개관적으로 바라보지 못하고 대인관계도 원만하지 못하다.

성형외과 의사이자 심리학자인 맥스웰 몰츠 박사는 얼굴 때문에 열등감을 가진 사람은 성형 수술로 외형을 고치면 성격이 바뀐다고 했다. 그런데 세월이 흐르면서 또 다른 사실을 알게 되었다고 했다. 성형 수술을 받는 많은 환자들 가운데는 수술한 뒤에도 전혀 변하지 않는 사람들이 있다는 것이었다. 성형 후 아름답고 균형 잡힌 얼굴을 갖게 되었음에도 불구하고, 계속해서 자신은 못생겼다고 생각하며 행동하는 사람들이 많다는 것을 알아낸 것이다.

몰츠 박사는 당연히 의아하게 생각했다. 틀림없이 외모가 바뀌었는데 왜 자꾸 못생겼다고 생각할까? 몰츠 박사는 연구 끝에 그것은 바로 '내면의 상처' 때문이라고 했다. 즉 얼굴이 예쁘게 바뀌어도 과거의 감정적인 상처들을 제거하지 않으면 그 사람의 성격 자체는 변하지 않는다는 것이다.

긍정적인 사고를 가르치는 사람들은 긍정적인 사고를 통해 열등감을 변화시킬 수 있다고 한다. 하지만 실상은 그렇지 않다. 열등감을 가진 사람이 긍정적인 사고를 한다고 해도 오래가지 못한다. 잠재 의식 속의 '내면의 상처'가 여전히 남아 있어서,

"아무도 나를 사랑하지 않아."

"나는 능력이 부족해."

"내가 뭘하겠어."

이런 생각으로 얼마가지 못하고 자신을 가치 없는 존재로 생각한다는 것이다. 결국 내면의 상처를 치유하지 않으면 낮은 자존감, 열등감은 쉽게 바뀌지 않는다. 그렇다면 어떻게 내면의 상처를 치유할 것인가.

아프리카 나이지리아의 속담에 "목욕할 때 배꼽을 감추려고 애쓰지 말라."는 말이 있다. 즉 마음의 문을 열고 자기 내면의 상처를 끄집어 낼 수 있어야 한다. 내적 치유를 위해서는 자기 속마음을 열어야 한다. 물론 아무에게나 자신의 속마음을 열 수는 없다. 신뢰할 만한 사람에게 또는 자신의 신앙을 통해 자기 내면의 상처들을 숨김없이 털어놓아야 한다.

이를테면 얼굴이 너무 못생겨서 겪어야 했던 온갖 설움과 울분, 외면당하

고 따돌림당하고 면접에서 낙방했던 경험 등을 남김없이 털어놓아야 한다. 열등감이 있는 사람은 열등감 때문에 용기를 내지 못했던 안타까움, 과감하지 못하고 두려움 때문에 놓쳐버린 좋은 기회에 대한 아쉬움, 스스로 외톨이가 됐던 분노 등을 남김없이 털어놓아야 한다.

그렇게 속마음을 털어놓다보면 원망도 나오고 욕설도 나오고 분노도 일어난다. 분노와 상처들을 남김없이 털어놓아야 열등감에서 벗어나는 길을 찾는다. 그리고 정말 속 시원하게 모든 내면의 상처들을 꺼냈다면 대개 회한이 밀려들어 울음을 터뜨리지 않을 수 없다.

울음이 나오면 실컷 울어라. 그러한 눈물이 내면의 상처를 소리 없이 씻어준다. 물론 한 번에 완전히 치유될 수는 없다. 하지만 그러한 과정을 몇 차례 겪다보면 자신을 짓누르던 응어리와 한恨이 크게 사라진다.

차츰 가슴이 시원해지는 느낌이 오기 시작하면 응어리와 한이 빠져나간 자리에 하나씩 자신감을 채워 넣어라.

"나는 이 세상에 꼭 필요한 사람이야."

"나는 소중한 사람이야."

"나는 무엇이든 해낼 수 있어."

이런 스스로의 다짐을 부지런히 주문처럼 외워라. 자신의 잠재 의식 속에 긍정적인 사고가 싹틀 때까지 그와 같은 선언을 되풀이하면 상당한 효과가 있다. 참고로 열등감을 극복하는 열 가지 방법을 소개한다.

1. 당신이 한 개인으로서 이미 중요한 의미가 있음을 기억하라.
2. 굳건한 신앙심을 가지고 당신의 신앙 앞에 자신을 솔직히 드러내라.
3. 당신의 결점을 변명하거나 숨기지 말고 그대로 인정하라.

4. 당신이 좋아하는 일, 잘할 수 있는 일을 선택하고 배우라.

5. 당신의 뜻대로 되지 않았다고 감상에 빠지지 마라.

6. 스스로의 감정을 통제하라.

7. 포기하지 말고 꾸준히 노력하라.

8. 모든 일을 확실히 준비하라.

9. 영혼과 육체가 건강해야 한다.

10. 실수를 실수로 끝내지 말고 역이용하라.

열등감은 자기가 만든다

열등감에 대해서 많은 설명을 하고 있는 것은 반드시 성공적인 스피치나 화술을 위해서가 아니다. 우리 삶의 거의 모든 부분에 열등감이 부정적으로 작용하기 때문이다. 더욱이 현대 사회와 같은 치열한 경쟁 사회, 불안한 사회, 경제 위기의 사회에서 열등감은 순식간에 자신의 인생을 나락으로 떨어뜨리기도 한다.

경쟁 사회는 승자만 살아남는 사회이다. 경쟁에서 밀려나 큰 고통을 겪기 시작하면 자존심이 세던 사람도 자신감을 잃고 자기도 모르게 열등감을 갖게 되고, 자기 자신을 비하하게 된다. 너무나 불안하고 불확실한 사회에서는 자신의 목표를 달성할 자신감을 잃게 되고, 자신의 미래를 전혀 예측하기도 어렵다. 그럴수록 더욱 위축되어 자포자기의 심정이 된다. 그것 역시 열등감이다.

요즘처럼 경제 위기, 경제 불황이 끝없이 이어지고 있는 사회에서는 양극화 현상이 날이 갈수록 심화된다. 가진 자는 더욱 탐욕스러워지고 갖지 못한 자는 가질 기회조차 박탈당한다. 그 지경에 이르면 열등감이 팽배해서 사회로 향한 분노심이 커지고 그것이 쌓이면 욱하는 성질로 변해 자신의 행동을 통제하지 못하게 된다. 따라서 열등감의 극복이야말로 자신의 정체성과 가치를 유지하고 회복하는 길이다. 그것을 위해 몇 가지 시도해 볼 만한 방법들이 있다.

성공 스토리, 희망적인 이야기들에 관심을 갖는다

열등감은 자신의 노력으로 얼마든지 극복할 수 있다. 열등감에 빠져 우울, 불평 불만, 자격지심에 사로잡혀 의욕을 잃으면 안 된다. 그럴수록 의도적으로라도 TV프로그램이나 책 등의 성공 스토리, 희망적인 이야기를 보고 읽도록 해야 한다.

온갖 역경을 극복하고 성공한 사람들의 생활상, 그들의 의욕적인 삶, 실패를 딛고 일어서는 과정들을 보고 들으면, 차츰 그들의 정신을 이해하고, 행동을 본받고 싶은 의욕이 생긴다. 그와 함께 차츰 자신감도 커져 열등감을 버리고 긍정적인 행동으로 나설 수 있게 된다.

언젠가 TV의 '힐링 캠프'에 나왔던 안철수 교수는 'I may be wrong'이라고 했다. 우리는 결코 완벽한 인간은 아니다. 누구라도 그렇다. 따라서 실수할 수도 있고, 틀릴 수도 있으며, 쓰러질 수도 있다. 지금 당장 실패하고 실수했다고 해서 '나는 안 돼' '난 이제 완전히 망했어' 등의 절망감과 좌절감, 열등감을 갖는 것은 정말 바람직하지 못하다.

안철수 교수는 "자신감이 없는 사람은 절대로 틀렸다고 인정하지 않는다."고 말했다. 잘못이 있다면 잘못을 인정하고, 실수를 인정하고 실패를 솔직하게 인정해야 한다. 사과할 것이 있다면 사과하고 용서를 빌 것이 있다면 주저하지 말고 용서를 빌어야 한다. 그것이 자신감이다. 자신감이 없으면 패배를 인정하지 않는다. 열등감을 억지로 드러내지 않으려는 것이다. "내가 졌다."라고 과감하게 패배를 인정하는 사람은 그 다음에 곧바로 새로운 대책을 세울 수가 있다.

숨기지 말고 당당하라

자신이 열등감을 갖게 되는 요소들을 애써 감추려 하지 말고 당당하게 말을 하면 열등감 극복에 큰 도움이 된다. 가령, 키가 작은 사람은 그것이 콤플렉스이자 열등감이 될 수 있다. 그렇다고 작은 키는 감출 수도 없는 일이다. 공연히 위축되어 점점 소극적으로 행동하고 스스로 핵심에서 물러서면 그야말로 열등감이 굳어진다.

자신이 키 작다는 것을 농담하듯 당당하게 말해보라.

"야, 너희들 내가 키 작다고 무시하는 거야? 작은 고추가 맵다는 거 몰라?"

"내가 키가 작아서 못하는 게 뭐가 있어? 임마."

하는 식으로 당당하게 말하면 스스로 열등감을 없앨 수 있고, 주위에서도 놀리거나 무시하지 않는다.

뚱뚱한 사람도 그렇다. 자기 몸무게나 허리 둘레를 당당하게 얘기하고,

"난 뚱뚱해서 너희들보다 많이 먹어야 하잖아? 이거 내가 먹는다."

"이 프로젝트는 우리 팀이 맞자. 뚱뚱한 내가 중심을 확실히 잡을 테니까 너희들은 나를 따라와."

당당하게 말하고 적극적으로 행동하면 열등감은커녕, 정말 중심적, 주도적인 인물이 된다. 단점, 콤플렉스가 있는 사람이 오히려 그것을 당당하게 말

하면 주변 사람들도 그것을 웃어넘기거나 부담 없이 얘기한다.

"야, 꼬마야."

"야, 뚱보야."

하고 편안하게 서로 얘기함으로써 인간관계가 좋아지고 단점은 장점이 될 수 있다. 중요한 것은 자기 자신이 적극적으로 콤플렉스, 자격지심과 같은 열등감을 버려야 한다는 것이다.

완벽한 사람은 없다

되풀이하는 얘기지만 이 세상에 완벽한 사람은 없다. 누구나 장점이 있는가 하면, 단점, 결점이 있기 마련이다. 긍정적인 사람은 자신의 장점을 살려 나간다. 그런데 열등감이 있는 사람은 부정적이다. 그 때문에 자신의 장점보다 단점에 집착한다. 그러면서 스스로 열등감을 키우는 것이다.

예컨대, 학생 때 모든 과목을 다 잘하기는 어렵다. 국어는 뛰어나지만 수학은 형편없는 학생도 있고, 영어 실력은 뛰어나지만 국어는 형편없는 학생도 있다. 성공하는 방법은 자신이 가장 잘하는 것, 자신이 가장 좋아하는 분야로 나아가는 것이다. 국어는 항상 1등하면서 수학을 못한다고 해서 "나는 왜 이렇게 수학을 못하지?" 하고 수학 때문에 전전긍긍한다면 차츰 열등감이 커지는 것이다. 긍정적인 마음으로 자신의 장점을 살려나간다면 단점, 결점은 그것에 묻혀 버린다. 그와 함께 열등감도 사라진다.

15%의 비밀

모든 일에 큰소리로 웃고 큰소리로 감정 표현을 하면 15%의 자신감이 더 생긴다고 한다. 소심한 사람, 부끄러움이 많은 사람, 오랫동안 억눌림을 당한 사람, 열등감이 있는 사람일수록 큰소리를 내지 못한다. 웃음도 비웃음처럼 그냥 슬그머니 흘리고, 말할 때도 작은 소리로 말한다.

심리학자들은 큰소리로 말하고 큰소리로 웃는 것만으로도 심리적 억압에서 벗어날 수 있다고 한다. 태권도를 비롯한 무술에서 격파를 할 때 '얏!' 하고 큰소리로 기합을 넣는 이유는 15%의 힘을 더 발휘하기 위해서다. 사실 떳떳하고 당당한 사람은 큰소리로 말하고 큰소리로 웃는다. 성공한 사람들도 그렇다.

열등감이 있다면 큰소리로 말하고 크게 웃어라. 얼마든지 연습으로 가능하다. 의식적으로 노력하면 차츰 습관이 되고, 습관이 되면 저절로 큰소리로 말하게 되고, 크게 웃게 된다. 그와 함께 자신감은 커지고 열등감은 점점 사라져 갈 것이다. 열등감을 버리고 자신감을 갖고 성공을 향해 나아가는 자기 다짐 몇 가지를 소개한다.

1. 나는 오늘부터 새로운 생활이 시작된다.
2. 항상 사랑으로 충만한 마음으로 생활한다.
3. 최후의 순간이 온 것처럼 생활한다.
4. 나는 이제부터 나의 감정을 지배한다.
5. 나는 나의 가치를 100배 증가시킨다.
6. 나는 지금 곧 행동에 옮긴다.
7. 나는 성공할 때까지 참고 견딘다.

꿈과 감동을 주는 대화

과장에는 과장으로 대처하라. 재치있는 말은 상황과 경우에 따라 사용되어야 하며 이것이 바로 지혜의 힘임을 알라

— 발타자르 그라시안

상대방에게 호감을 주는 대화 기술이란

허용적이고 공정한 대화

지금은 코로나-19 때문에 풍경이 많이 달라졌지만, 그전까지만 해도 국내외에서 '식사 함께하기'가 좋은 반응을 얻었다. 식사를 함께 함으로써 서로의 단절감을 극복하고 유대감을 강화해 나가는 것이다. 직장인들도 대부분 점심은 동료들과 함께 하거나 상사와 함께 한다. 식사를 함께하면 허심탄회하고 자유로운 대화를 할 수 있다는 장점이 있다.

'점심点心'이란 마음의 점을 찍는다는 뜻이다. 점심 시간은 쉬는 시간이기도 해서 마음이 열려 허용적인 자세가 될 수 있다. 정식 회의는 절차와 격식이 있으며 긴장하고 진지하기 때문에 논쟁이 벌어지고 찬성과 반대가 나타나기 쉽다. 내가 의견을 내면 누군가 반대하고, 또 누군가의 의견을 내가 적극적으로 반대하기도 한다. 그래서 격론이 벌어진다.

또한 대개의 경우 불완전한 정보나 성숙되지 않은 아이디어를 내놓기도 하고, 서로 다른 해석과 가치, 자기 위주의 평가가 맞서기 때문에, 서로 잘잘못을 지적하다 보면 방어적인 주장을 하게 된다.

하지만 식사자리, 특히 점심 식사를 하면서 대화를 하면 격식도 절차도 없을 뿐 아니라 긴장하지 않기 때문에 마음이 열린다. 따라서 허용적인 대화와 공정한 대화, 허심탄회한 대화가 가능하다. 어떤 논리를 내세워 옳고 그름과 타당함과 부당함을 다투기보다,

"음, 그 의견도 일리가 있다. 내가 한번 생각해 볼게."

"으음, 그 아이디어 조금만 다듬으면 쓸 만하겠다."

이렇게 다른 사람의 의견을 받아들이는 것이 허용적 대화이다. 허용적 대화는 충돌이나 갈등이 없다. 뿐만 아니라 의외로 공정할 수 있다. 꼭 식사를 통해서가 아니라, 우리의 일상의 대화에서도 그러한 허용적인 자세, 공정한 자세, 남의 의견을 수용하는 자세는 호감을 준다.

조선 시대 황희黃喜 정승의 일화를 잘 알 것이다. 황희 정승 앞에서 두 사람이 서로 자기가 옳다고 주장하자 "네 말도 옳고, 네 말도 옳다." 하며 두 사람의 주장을 모두 받아들였다. 그러자 옆에 있던 사람이 "대감, 그렇게 양쪽이 모두 옳다면 어떻게 판가름을 할 수 있습니까?" 하고 물었다. 그러자 황희 정승은 "그렇구나. 네 말도 옳다." 그러한 것이 허용적 대화이다. 하지만 공정성이 있어야 하는 것은 물론이다.

감정을 절제하는 대화

감정 표현은 필요하다고 했다. 그리하여 풍부한 감성을 드러내고 다정다감한 모습은 좋은 분위기로 대화를 이끈다. 하지만, 지나치게 과격한 감정 표현이나 분노, 격분과 같은 부정적인 감정을 노골적으로 표현하면 대화를 완전히 그르치기 쉽다. 잘 풀리지 않는 대화의 원인 가운데는 감정을 제대로 통제

하지 못해서 일어나는 경우가 흔하다.

　대화를 잘 이어가다가 어떤 말 한 마디만 거슬리면 느닷없이 벌컥 화를 내거나, 갑자기 격분해서 큰소리로 마구 따지고 들면 그 대화가 원만해질 수가 없다. 특히 자신의 요구나 견해가 관철되지 않을 때, 성을 내고 화를 내는 사람들이 적지 않다. 그것은 격분하는 자기 자신뿐 아니라 상대의 감정을 건드려 상대방도 참지 못하고 큰소리로 대들어 결국 싸움으로 확대되는 경우를 자주 본다.

　따라서 아무리 못마땅하고 마음을 상하게 하는 일이 있더라도 자신의 감정을 절제할 줄 알아야 한다. 감정이 북받칠수록 그것을 다스리며 논리적으로 차분하게 말할 수 있는 사람이 진정으로 대화를 잘 하는 사람이다. 상대방의 주장이나 의견에 억지가 많고 부당하고 합리적이지 못하거나 독선적이라면 일단 화제를 바꾸는 것이 좋다.

　이를테면 술좌석의 대화에서 그런 일이 있다면,

　“자, 술 듭시다.”

　“술안주 하나 더 시킵시다. 뭐가 좋을까요?”

　이런 식으로 화제를 바꾼 후, 상대방의 감정이 좀 진정된 뒤에 다시 본래의 대화로 돌아가는 것이 좋다. 대화 중에는 이해관계가 걸려 있어 반드시 결말을 합의해야 할 대화도 있다. 어떤 계약의 합의와 같은 대화다. 그럴 경우, 감정이 절제된 대화를 하기 위해 술집도 가고, 룸살롱도 가는 것이다. 격분을 참지 못하고 감정을 폭발시키면 합의는커녕 완전히 파탄나기 십상이다.

정체성이 있는 대화

어느 부인이 가스보일러를 사러갔다. 보일러들을 한참 둘러보며 부인이 점원과 상담하는데 점원이 자랑을 늘어놓았다.

"이 보일러는 아주 성능이 뛰어난 신제품입니다."

"무슨 특별한 기능이라도 있나요?"

"요리할 때도 매우 편리하고 방도 뜨끈뜨끈해서 남편께서 아주 좋아하실 겁니다."

"아휴, 이젠 남편 얼굴만 봐도 지겨운데…."

그러자 점원이 낮은 소리로 속삭였다.

"이 스위치를 누르면 가스가 조금씩 새기도 한답니다."

어디까지나 유머이다. 대화를 할 때는 보편적으로 사려 깊고 논리정연하기 마련이지만, 때로는 대화가 초점이나 논의의 핵심에서 벗어나기도 하고, 상대방을 이해하지 못해 혼란스러울 때도 있다. 그럴 때, 자칫하면 자신의 정체성이 흔들리기 쉽다. 우선 정체성 위기에 대응하는 방법은 '이것 아니면 저것' 즉 영어로 'All or Nothing'의 극단적인 흑백 논리에서 벗어나야 한다.

세상의 모든 일들이 반드시 '이것 아니면 저것' '전부 얻거나 전부 잃거나'의 극단적인 두 가지 방법만 있는 것은 아니다. 융통성이 오히려 정체성을 유지시켜 줄 수 있다. 자신의 주장이 완전무결하게 합의되기를 기대한다면 자칫 아무것도 못 얻을 수 있다.

제3, 제4의 방안들이나 타협점, 양보 가능한 범위 등 여러 제안을 내놓으면서 가능한 자신에게 유리한 쪽으로 이끌면 그것이 정체성을 지키는 것이다. 대화에는 언제나 양보와 타협의 융통성이 있어야 한다. 정치가 그렇지 않은가? 여야가 서로 자기주장만 내세우다가 극한 대립을 하게 되는 것이다.

외교관과 같은 대화

사람들이 관계에 어려움을 겪는 이유는 '나쁜 관계'에 집중하기 때문이다. 생각을 바꿔서 현재 '좋은 관계를 유지하는 사람들과 어떻게 좋은 관계를 유지하고 있는지를 분석하면 나쁜 관계도 개선할 수 있다.

좋은 관계를 살펴보면, 함께 자주 만나거나 긴 시간을 보냈으며, 서로 말을 조심하고 단정적인 말을 금하고, 항상 다시 또 봐야 할 사람이라는 생각을 지니고 있었다. 그것을 나쁜 관계에 있는 사람에게 적용해 보라. 그렇지 않으면 외교관을 생각해 보라. 상대와의 우호 관계를 유지하는 것이 외교관의 역할이다.

우선 외교관은 상대와의 비밀을 철저히 지킨다. 나라와 나라가 어떤 사항을 합의했을 때, 그 과정에서 외부에는 절대 공개할 수 없는 이면 합의, 비밀 합의도 있기 마련이다. 이러한 비밀을 철저하게 지키면서 좋은 회담이었다는 것을 강조한다. 다시 말하면 외교관은 모든 것을 다 말하지 않는다. 회담에서 아무런 성과가 없더라도 곧이곧대로 말하지 않는다. 외부에는 "아주 좋은 만남이었다." "의미 있는 만남이었다." "현안 문제들을 심도있게 논의했다."는 식으로 발표한다. 이러한 외교관적인 표현과 대화 방식을 우리 일상의 대화에 적용해 보라.

또한 이미 설명했지만 상대에게 단정적인 표현을 삼가야 한다. 마지막, 끝, 끝장, 최종 등과 같은 단정적인 표현을 쓰면 다시 관계를 회복하는 데 상당한 노력이 필요하다. 아울러 상대를 꼼짝 못하게 궁지로 몬다면 좋은 대화가 될 수 없다. 상대가 실수를 하거나 옳지 못한 태도를 보이더라도 언제나 빠져나갈 수 있는 여지를 남겨줘야 한다.

옛말에 '생쥐도 궁지에 몰리면 돌아서서 고양이를 문다'고 했다. 궁지에 몰린 사람은 극단적인 행동을 취하기 쉽다.

또한 언어의 선택에 항상 유의해야 한다. 국제 외교의 용어 사용을 보면 결코 극단적이고 단정적인 언어를 쓰지 않는다. 그런 집단은 북한밖에 없다. 자기 나라와 이해관계가 있는 문제에서 다른 나라가 자기 나라에 불리한 정책을 펼 때도 그에 대한 관심을 몇 단계를 거쳐 가며 표현한다. 이를테면 우려-유감-개탄-항의 등과 같이 차츰 강도를 높여간다.

우리의 일상 대화에서도 그래야 한다. 안타깝게도 우리는 그런 여유를 갖지 못하는 경우가 많다. 서로 주장이 어긋나면 단번에 큰소리로 대들고, 서슴없이 폭력까지 자행한다. 상대방에게 불만 표시나 항의도 단번에 극단적인 표현을 쓰는 것이 아니라, 논리적으로 차츰 강도를 높여가면서 상대방이 받아들일 수 있는 여유를 줘야 한다. 극단적인 표현을 쓰면 상대방이 잘못했더라도 잘못을 시인하지 않고 더 강하게 맞서려고 한다. 말을 골라가며 하는 것은 대화의 빼놓을 수 없는 요령이자 지혜라고 할 수 있다.

가까울수록 조심할 일곱 가지 말

인간은 사회생활을 하면서 살아간다. 혼자서는 도저히 살아갈 수 없다. 수많은 사람들과 만나고 헤어지고 관계를 맺으며 살아간다. 그 가운데서도 가장 가까운 가족, 형제 자매, 일가 친척 등은 혈연적인 관계로 맺어진 떼어놓을 수 없는 사이가 된다.

그 다음, 지연地緣이 있다. 같은 마을 이웃에서 함께 성장한 사람들, 특히 자기 또래들은 영원한 친구이다. 지연을 넓히면 같은 고장까지 연결되고 타지에서 같은 지연을 가진 사람을 만나면 가깝게 느껴지고 쉽게 친해지기도 한다.

또 학연學緣이 있다. 초등학교부터 대학에 이르기까지 학교에서 만나 함께 공부한 가까운 친구들이다. 어쩌면 일가 친척보다 더 자주, 더 많이 만난 가까운 사람들이다.

혈연은 변함이 없지만, 지연이나 학연은 환경과 여건에 따라 수없이 바뀌기도 하고, 또 헤어지고 잊혀진다. 그럼에도 우리나라는 지연과 학연을 너무 따진다는 '연고주의緣故主義'가 사회문제가 된다. 그밖에도 직장, 취미 동호회, 종교 생활 등을 통해 만나는 가까운 사람들이 있고, 남자들은 군대 생활을 함께한 친구들도 있다.

하지만 그 많은 사람들과 항상 가깝게 지내는 것은 아니다. 사회학자들에 따르면 인간관계가 원만한 사람이라도 아무런 이해상관 없이 자신과 가까이 지내는 사람은 대략 150명에서 200명 정도라고 한다. 여러분도 자기 휴대폰에 저장해 놓은 가까운 사람 연락처를 살펴보라. 많아야 100여 명에 불과할 것이다.

우리는 가까운 사이, 친한 사이일수록 비교적 자주 만나며 서로 이해 상관이 없기 때문에 반갑고 편안하다. 또한 서로 허물이 없어서 아무런 조심도 하지 않고 부담을 느끼지 않고 자연스럽게 말을 주고받는다. 서로 반말하고 악의 없는 욕설도 서슴지 않고, 서로 놀리고…그래서 가까운 사이의 대화는 편하다. 하지만 가까울수록, 친할수록 조심해야 할 일곱 가지 말이 있다.

1. 비판적인 말

"비판을 받지 않으려거든 비판하지 마라. 너희가 비판하는 그 비판으로 너희가 비판을 받을 것이요…."

성서에 나오는 구절이다. 친한 사이일수록 서로 거침없이 말을 한다. 그래서 서로 비판적인 말도 가리지 않는다. 물론 농담 삼아 하는 말이지만,

"너는 임마, 도대체 시간 관념이 없어. 넌 만나기로 하면 언제나 늦잖아? 약속시간 지킨 적이 한 번도 없어."

"넌 도대체 신용이 없어. 툭하면 약속을 어기잖아?"

이런 말을 거리낌 없이 주고받는다.

워낙 가까운 사이라면 그럴 수 있겠지만, 당사자가 없는 데서 비판하거나 자주 비판적인 말을 하면 그것이 뜻하지 않게 사이를 멀어지게 한다. 대개 부정적인 마인드를 가진 사람이 남에 대해 비판을 잘한다. 특히 업무와 관련해서 매일 함께 생활하는 직장 동료를 은근히 비판하는 경우가 많다.

"그 친구는 칠칠치 못하고 주의력이 부족해."

"어휴, 그 인간은 너무 까다롭고 괴팍해서 가까이 가기도 싫어."

"그 자식은 항상 자기만 잘났어."

"그 녀석은 너무 자기자랑이 심해."

등등 상대방에게 불쾌감을 줄 수 있는 비판적인 말은 삼가는 것이 좋다.

"인간은 사건 자체가 아니라, 그 사건을 바라보는 관점 때문에 고통을 당한다."는 고대 철학자의 말이 있다. 비판적인 말을 자주하면 매사를 부정적인 관점으로 보고, 마침내 자신도 비판을 받는다.

2. 비교하고 평가하는 말

엄마들이 자주 쓰는 '엄친아'라는 말이 있다. 자기 아이를 꾸중할 때 "엄마 친구 아들은…" 하고 다른 아이와 비교하는 말이다. 아이들이 가장 듣기 싫어하는 말 가운데 하나이다. "아무개는 항상 100점인데 너는 어떻게 만날 70점이냐?" 하는 식으로 엄마가 자꾸 자기아이를 다른 아이와 비교하면, 아이는 그 친구를 싫어하게 될 뿐 아니라 적개심, 반발심까지 갖게 된다.

남편들도 아내에게 듣기 싫은 말이 있다. "아무개 아빠는…" "옆집 남편은…" 하며 아내가 다른 남편과 비교해서 털어놓는 푸념을 제일 듣기 싫어한다. 차라리,

"돈 좀 많이 벌어 와요."

"아이들한테 관심 좀 가져요."

하고 푸념하면 괜찮은데,

"아무개 아빠는…" "옆집 남자는…" 하며 다른 남편들은 대단하고 완벽하게 평가하면서 자신을 폄하하면 몹시 화가 난다.

직장에서도 마찬가지다. 상사가 부하 직원에게 동료와 비교해서 평가하면 몹시 화가 난다. 당연히 그 동료에게 적개심, 반발심을 갖게 된다. 절대로 남들과 비교하고 남들과 비교해서 평가하는 말은 삼가야 한다. 특히 여자를 비교 평가하면 마음에 큰 상처를 줄 수 있다. 조심해야 한다.

3. 단정적인 말

우리는 사실 알게, 모르게 단정적인 말을 많이 하고 있다. 특히 화가 나거나 심기가 불편할 때 더욱 단정적인 말을 많이 한다.

"그 자식은 절대로 가만둬서는 안 돼."

"그 놈은 아무짝에도 쓸데없는 자식이야."

"그 친구가 성공할 가능성은 전혀 없다."

"그는 재기불능이야."

정말 너무 쉽게 단정적인 말을 사용한다.

자기는 몹시 화가 나서 단정적으로 말함으로써 다소 울분이 가라앉을지 모르지만 당사자에게는 심각한 마음의 상처를 주게 된다. 뿐만 아니라, 우리는 서로 어울려 살아간다. 언제 자신이 곤란한 처지에 놓여 단정적으로 비난하던 사람의 도움을 필요로 하게 될지 모른다. 그래서 정치나 사업가들은 좀처럼 단정적인 말을 사용하지 않는다.

우리는 친구 사이에서도 단정적으로 말할 때가 많다.

"너하고는 이제 끝났어."

"너를 알았다는 것이 후회된다."

"너하고 다시 볼 일 없을 거야."

무엇인가 오해했거나 심하게 다투었을 때 자주 쓰는 말이다. 어린이들이라면 그런 단정적인 말을 하고도 다시 또 언제 그랬느냐는 식으로 어울리지만 성인으로서는 그야말로 관계를 단절시키는 말이 된다.

친구가 거의 없는 사람, 외톨이로 살아가는 사람, 부정적인 마인드를 가진 사람 가운데 이런 단정적인 말을 하는 사람들이 많다. 스스로 사람을 몰아내고 인간관계를 망쳐놓는다. 그렇기 때문에 친구가 없고 외롭다. 단정적인 말을 자주하는 사람은 어려운 일을 당했을 때 적극적으로 도와주는 사람조차 없다. 그런 사람은 형제자매나 일가친척과도 관계가 원만하지 못하다.

4. 자화자찬

누구나 남들에게 인정받고 싶고 자랑하고 싶은 것이 인간의 심리다. 그러나 자화자찬이 지나치면 능력이 있더라도 인정받지 못한다. 그의 말에 진실성이나 신뢰성이 부족하기 때문에 정말 자랑할 만하고 인정받을 만한 일을 했더라도 그의 말을 액면 그대로 믿으려 하지 않는다.

자식 자랑, 아내 자랑이 심한 사람을 흔히 '팔불출'이라고 한다. 못난 사람 가운데 하나로 손꼽는다. 요즘은 그런 사람을 '딸 바보' '아들 바보' '아내 바보'라고 부른다. 일종의 바보라는 것이다. 자기 자식이 귀엽고 대견하지 않은 사람이 어디 있으며, 참된 부부라면 자기 아내가 사랑스럽지 않은 사람이 어디 있겠는가. 그럼에도 기회만 있으면 자식 자랑, 아내 자랑을 늘어놓으니 바보가 되는 것이다.

자화자찬은 그보다 더 심하다. 자기애는 좋지만, 그것이 지나치면 자화자찬이 심해진다. 더욱이 남들이 볼 때 대수롭지 않은 것을 과장해서 자기자랑을 늘어놓고, 여럿이 힘을 합쳐 어떤 성과를 거뒀는데, 마치 자기 혼자 다한 것처럼 자기 공만 내세우면 다른 사람들한테 미움을 받는다.

그렇게 자화자찬이 심한 사람이 어떤 일을 추진하며 앞장서면 다른 사람이 협력하지 않는다. 죽어라고 노력해봤자 좋은 소리 듣지 못하고 추진했던 사람이 자기 혼자 다한 것처럼 떠들어 댈 것이 뻔하기 때문이다. 또한 일부러 골탕을 먹이기도 한다. 언제나 자기가 다한 것처럼 자랑하는데 "그래, 그러면 어디 너 혼자 해봐라." 하고 협조하지 않는다.

솔직히 자화자찬으로 얻는 것은 아무것도 없다. 자화자찬한다고 자신을 더 인정해 주는 것도 아니다. 오히려 비웃음거리가 되거나 진정한 실력조차 의심받고 믿지 못하게 된다. 그런 사람에게는 겸손이 절대적으로 필요하다. 겸손하면 자기자랑을 하지 않더라도 알아줄 사람은 다 알아준다.

5. 험담

어느 신앙심 깊은 수도사가 젊은 과부의 집에 자주 드나들었다. 그것을 본 마을사람들은 음탕한 수도사라고 그를 비난하고 험담을 늘어놓았다. 얼마 후, 그 젊은 과부가 암으로 세상을 떠났다. 그때서야 마을사람들은 수도사가 말기 암환자였던 젊은 과부를 위로하기 위해 그녀의 집을 자주 드나들었다는 사실을 알게 되었다.

그 동안 앞장서서 수도사를 험담했던 두 여인이 그를 찾아가 사과하며 용서를 빌었다. 그러자 수도사는 두 여인에게 닭털을 한 봉지씩 나눠주며 들판에 나가서 그것을 바람에 날려버리고 오라고 했다. 두 여인은 시키는 대로 들판에 나가 닭털을 모두 날려버린 뒤 다시 수도사에게 돌아왔다. 그런데 수도사가 이번에는 그 닭털들을 모조리 주워 오라고 했다. 여인들은 놀라며 바람에 멀리 제멋대로 날아간 닭털을 어떻게 주워 오냐고 난처해했다.

수도사가 두 여인에게 말했다.

"잘못을 용서해 주는 것은 어렵지 않은 일이지만, 한번 입 밖으로 내놓은 말은 다시 주워 담기 힘든 것입니다."

그렇다. 한번 입 밖에 내놓은 험담은 다시 되돌리기 힘들다. 발 없는 말이 천 리를 간다고 했듯이 점점 멀리 퍼져갈 뿐이다. 험담은 한꺼번에 세 사람을 해친다. 욕을 먹는 사람, 욕을 듣는 사람 그리고 험담하는 자기 자신이다. 그 가운데 결과적으로 남을 헐뜯고 흉을 본 자기 자신이 가장 큰 피해를 입게 된다. 그것은 자업자득이다. 그 험담의 대상이 되었던 사람과는 원수지간이 될 수도 있다.

어떤 사람은 남을 헐뜯고 흉보고 험담함으로써 스스로 만족감을 얻는 사람이 있다. 험담이 때로는 자신의 자존심을 대리 만족시키는 수단이 될 수 있기 때문이다. 하지만 그것은 오히려 자신의 자존심을 망쳐놓는 행위가 된다. 남에 대해 험담하기 좋아하는 사람은 결국 그것 때문에 자신도 남들로부터 험담을 듣게 된다. 이를테면

"어휴, 그 여자는 남 칭찬하는 일이 없어. 입만 열었다 하면 다른 사람 험담뿐이야. 그 여자 앞에서 조심해."

남들이 그렇게 말하며 거리를 두려 한다. 그것은 자신이 험담을 듣는 꼴이다. 다른 사람을 부정적인 시각으로 보면 그 사람의 단점만 보인다. 그래서

자기 자신은 생각하지 않고 남에 대해 부정적인 험담만 하게 된다.

그리고 상대방이 누군가를 험담할 때는 어느 한 쪽 편을 들지 않도록 조심해야 한다. 이야기는 들어주되, 동조하거나 자신의 의견은 말하지 않는 것이 좋다. 되도록 객관적인 태도를 취하고 충고는 가급적 피하는 것이 좋다. 진정 어린 충고를 하면 충고한 사람도 험담의 대상이 되기 십상이다. 또한 중재하려고 적극적으로 나설 필요가 없다. 자칫하면 두 사람 싸움 붙이는 꼴이 되기 쉽다.

이런 얘기가 있다. 택시 기사가 공항에서 외국인 두 명을 태웠다. 흑인들이었다. 그들이 가고자 하는 호텔로 가는 도중, 택시 기사가 휴대폰으로 친구의 전화를 받았다. 친구는 지금 뭐하느냐고 묻는 것 같았다. 택시 기사가 말했다.

"응, 지금 연탄 두 장 싣고 가는 중이야."

이윽고 호텔 앞에 도착했다. 요금이 2만 원 나왔는데 흑인은 1천 원만 내는 것이 아닌가? 기사가 미터를 가리키며 2만 원이라고 했다. 그러자 흑인이 한국말로 이렇게 말했다.

"요즘 연탄 한 장에 5백 원 아닌가요? 연탄 두 장이면 천 원 맞지 않습니까?"

아무튼 험담은 물론, 남의 말은 함부로 하지 않는 것이 좋다. 자칫하면 그 때문에 큰 낭패를 볼 수 있다. 다음의 에피소드가 좋은 참고가 될 것이다.

어느 마을에서 청년이 무척 화가 난 표정으로 헐레벌떡 달려와 밭에 물을 주고 있는 아버지에게 말했다.

"아버지, 우리 마을에 정말 못되고 나쁜 녀석이 있어요. 그게 누군지 아세요?"

그러자 아버지가 아들의 말을 가로 막으며 물었다.

"잠깐, 지금 네가 하려는 얘기가 세 가지를 걸러낸 말이냐?"

"세 가지를 걸러내다니요?"

"첫째, 네가 하려는 얘기가 모두 진실이라는 증거가 있느냐?"

"저도 전해들은 얘기예요."

"둘째, 선善한 것이냐? 모두 진실이라는 확신이 없다면, 최소한 선한 것이냐?"

"아니요. 그 반대예요."

"셋째, 너의 얘기가 꼭 필요한 것이냐?"

"꼭 필요한 것은 아니지만……"

"그렇다면 내가 들을 필요가 없겠구나."

6. 불필요한 말

이런 우스갯소리가 있다. 해외 여행을 간 사오정이 어느 카페에 들어갔다. 종업원이 다가와 물었다. "coffee or tea?" 영어를 대충 알아들은 사오정이 대답했다.

"아, or를 주세요."

사람이 항상 꼭 필요한 말만 하기는 어렵지만 불필요한 말을 너무 많이 하다가 그것이 화근이 되어 구설수에 오른다. 또한 상대방의 말을 확실히 알아듣지 못하고 사오정처럼 엉뚱한 대답, 즉 동문서답을 한다.

불필요한 말을 많이 하는 이유는 여러 가지가 있다. 원래 말이 많은 사람은 불필요한 말도 많다. 그런가 하면 너무 말이 적어서 대화 중에 자꾸 말이 끊기고 공백이 생기기 때문에 어색함을 피하려고 불필요한 말을 하게 된다. 그것을 피할 수 있는 방법은 화젯거리와 지식이 풍부해야 한다. 아울러 상대방과 소통할 수 있는 화제를 꺼내야 한다.

또한 원래 말이 많고 혼자 떠들기를 좋아하는 사람은 분위기를 주도할 수 있지만 그만큼 불필요한 말을 많이 하게 되어 실수하기 쉽다. 자기가 한 말에는 스스로 책임질 수 있어야 한다. 따라서 앞에서 얘기한 에피소드처럼 확신이 없는 말이나 착하고 긍정적이지 못한 말, 말할 필요도 없고, 남들이 들을 필요도 없는 말은 삼가는 것이 좋다.

상대방의 말을 정확히 듣지 못했거나 요지를 제대로 파악하지 못했다면 다시 묻는 것이 좋다. 정확한 내용을 알아야 올바른 대화가 이루어진다. 성급한 사람은 상대방 말이 다 끝나기도 전에 단어 하나만 듣고 말을 가로채고 나서기도 한다. 옳지 못한 행동이다. 상대방의 말은 항상 끝까지 들어야 한다.

우리말에는 말의 제일 뒤에 부정형을 붙이기도 하고, 부정의 부정도 있다. 예를 들면 "모두 찬성하고 저 역시 원칙적으로는 찬성합니다만……," 하고서 뒤에 반대 의견을 말하는 사람도 있다. 또 "아닌 게 아닌가 생각합니다." 할 때도 있다. 얼핏 들어서는 긍정인지 부정인지 판단이 쉽지 않다. 끝까지 다 들어봐야 전체적인 맥락을 짐작할 수 있는 말도 많다.

빛나는 말, 어루만져 주는 말

말은 입에서 나오는 것이기 때문에 더없이 다양하다. 품위 있는 말이 있는가 하면, 저속하거나 욕설 따위의 질이 낮은 말도 있다. 화를 내며 마구 쏟아놓는 악담과 분노의 말이 있는가 하면, 다른 사람의 고통을 보듬어주는 격려의 말도 있고, 올바른 길로 이끌어주는 조언도 있다. 중요한 것은 어떤 말이든지 한번 입 밖으로 내놓으면 결코 다시 주워 담을 수 없다는 것이다.

어느 교회에서 목사님이 분노에 대해서 얘기했다. 설교가 끝난 뒤, 한 부인이 목사님을 찾아와 하소연했다.

"목사님, 저는 성미가 무척 급해서 참지 못하고 분노를 폭발시킬 때가 많거든요. 다행히 뒤끝은 없어서 한번 벌컥 화를 내면 그만입니다. 마음속에 꽁하고 담아두는 것도 없고요. 그러니까 괜찮겠죠?"

목사님이 대답했다.

"총도 그렇습니다. 한번 쏘아버리면 그만이죠. 하지만 한 방만 쏘아도 그 결과는 엄청나죠. 사람이 죽거나 총 맞은 곳이 박살나죠."

분노의 표출도 마찬가지라는 얘기다. 자신은 한번 분노를 표출하고 끝날지 모르지만 분노의 대상이 되었던 사람은 오래도록 잊지 못한다.

필자가 잘 아는 분의 중학교 시절 얘기를 들은 적이 있었다. 어느 과목 선생님이 수업에 들어오면 그 분을 노려보며,

"난 너 때문에 이 교실에 들어오기 싫단 말야. 왜 너는 언제나 선생님을 째려보는 거야?"

라고 했다는 것이다. 그 분은 워낙 눈이 나빴는데 집이 너무 가난해서 안경을 살 돈이 없어서 칠판 글씨나 노트조차 제대로 보기가 어려웠다. 칠판을 보거나 선생님에게 집중하려면 어쩔 수 없이 얼굴을 찡그리고 노려봐야 했던 것이다. 그 분은 선생님의 말에 큰 충격을 받았고, 자기의 나쁜 눈과 가난한 집안 형편이 더욱 괴로웠었다고 했다. 그리고 나이가 들어서도 그때 선생님의 말씀이 잊히지 않는다고 했다.

자신은 한번 분노를 터뜨리거나 화풀이를 하면 스트레스가 해소될지 모르지만, 당사자는 큰 상처를 입는다. 따라서 다른 사람에게 상처를 줄 수 있는 말은 절대적으로 참아야 한다. 그 대신 격려와 용기를 주는 말을 하라. 칭찬의 말을 많이 하라. 그것 역시 당사자의 마음에 오래 남아 당신을 잊지 않는다. 그것이 빛나는 말이다.

빛나는 격려의 말

스코틀랜드에서 태어난 한 소년이 있었다. 소년은 매우 내성적이었으며 학업 성적도 무척 나빴다. 학교에서 그는 열등반에 편성되어 보충 교육을 받으

며 성장했다. 어느 날, 소년은 우연히 유명한 시인들의 작품 전시회에 갔다. 이 전시회장에는 당시 스코틀랜드의 저명한 시인이었던 로버트 번즈도 참석하고 있었는데, 그는 관람자들에게 전시된 작품들을 설명하며 한 유명한 시를 가리켰다.

"여기 이 시는 아주 훌륭한 시입니다. 이 시를 쓴 시인이 누군지 아십니까?"

아무도 선뜻 대답하지 못했다. 그 때 소년이 그 유명한 시를 쓴 시인의 이름을 말하면서 그의 시를 암송하기까지 했다. 로버트 번즈는 깜짝 놀라 감격하며 소년의 머리를 쓰다듬었다.

"너는 위대한 시인이 되겠구나."

소년은 이 칭찬 한 마디에 고무되어 문학에 전념했다. 그리고 마침내 위대한 작가가 되었다. 이 소년이 바로 영국의 유명한 시인이자 소설가였던 월터 스코트 경이다.

많은 말 가운데 가장 빛나는 말은 격려와 칭찬의 말이다. 미국의 유명한 작가 마크 트웨인도 "멋진 칭찬을 들으면 그것만 먹고도 두 달은 산다."고 했다. 격려는 기적을 낳는다. 남을 격려하고 칭찬하면 그것을 듣는 사람도 기쁘지만 칭찬하는 사람도 기쁘다.

그러나 격려와 칭찬에는 진정성이 있어야 하고, 타당성이 있어야 한다. 무조건 터무니없는 칭찬은 아부아첨에 불과하다. 또한 잘못을 꾸짖지 않고 덮어놓고 칭찬만 하면 칭찬받는 사람은 착각에 빠진다. 자기 자신이 무척 완벽하고 잘났다고 생각한다. 어린이는 이른바 '공주병' '왕자병'에 빠져 버릇이 없어지고 자기밖에 모른다. 남에 대한 배려도 전혀 할 줄 모르게 된다.

격려와 칭찬은 확실한 근거가 있어야 한다. 객관성을 가지고 무엇을 잘했으며 왜 잘했는가를 확실히 열거하고 그것에 대해서만 칭찬해야 한다. 격려도 마찬가지다. 상대가 최선의 노력을 다하고 있을 때 격려해야 가치 있다.

'칭찬은 고래도 춤추게 한다'는 말처럼 칭찬을 들은 사람은 신바람이 나서 더욱 잘하게 되고, 칭찬해 준 사람에게 고마움을 느낀다. 누구나 좋아하는 격려의 말, 칭찬의 말에는 다음과 같은 것들이 있다.

  ＊ 그거야 바로!
  ＊ 계속하렴, 점점 좋아지고 있어.
  ＊ 나는 너를 믿는다.
  ＊ 하루가 다르게 발전하는구나.
  ＊ 너보다 잘하는 사람을 본 적이 없다.
  ＊ 너와 함께 하니 나도 기쁘다.
  ＊ 너는 나를 기쁘게 하는구나.
  ＊ 넌 그걸 아주 쉽게 해내는구나.
  ＊ 넌 정말 재주가 많구나.
  ＊ 놀랍구나.
  ＊ 정말 대단하구나.
  ＊ 네가 맞았구나.
  ＊ 네가 잘해낼 줄 알았다.
  ＊ 도와줘서 고맙구나.
  ＊ 나는 네가 자랑스럽다.
  ＊ 또 해냈구나.
  ＊ 어쩌면 그런 생각을 했니?

* 네가 정말 많은 일을 했다.

* 네가 아니었으면 못해냈을 거다.

* 정말 애썼다.

* 참 잘했다.

충고를 끝내지 못하면 비난이 된다

성당의 성찬식에서 한 복자(소년)가 포도주를 나르다가 넘어져 쏟았다. 그것을 본 신부님이 화가 나서,

"너 같은 아이는 성당에 나오지 말았으면 좋겠다."

그 소년은 나중에 유고슬라비아의 공산주의 지도자가 되었다. 그가 티토 대통령이다. 다른 성당에서도 그와 비슷한 일이 있었다. 소년이 포도주를 쏟고 당황하자 신부님은 머리를 쓰다듬으며,

"너는 나중에 훌륭한 신부가 될 것 같구나."

하며 오히려 격려했다. 이 소년은 성장해서 휠튼 쉬인이라는 유명한 대주교가 되었다. 이처럼 내가 무심히 내놓은 말 한 마디가 다른 사람의 운명을 좌우할 수 있다. 내가 아무렇지 않게 한 말 한 마디가 상대에게는 큰 상처가 될 수도 있다. 또한 우리는 다른 사람에게 충고를 듣기도 하고, 자신이 다른 사람에게 충고를 할 경우가 있다.

충고의 의도는 좋은 것이다. 상대의 잘못한 점이나 문제점을 지적해 주어 시정하도록 하는 것이다. 그래서 누군가 나한테 충고해 주는 사람이 있다는 것은 바람직하다. 그러나 남에게 충고하기는 쉽지 않다. 상대방이 충고를 받아들일 마음가짐을 가져야 한다. 또한 충고하는 사람도 그럴 만한 자격이 있어야 한다. 물론 친구나 또래끼리 충고를 주고받고 상사가 부하에게 늘 충고

하고 꾸짖기도 한다.

하지만 진정한 충고를 하려면, 충고하는 사람 자신의 행동이 올바르고 풍부한 사회 경험과 인격을 갖추고 있어서 멘토가 될 만한 위치에 있어야 한다. 그래야 상대방도 기꺼이 충고를 받아들이고 반성한다. 충고할 만한 인물이 못되는데 충고를 하겠다면 듣는 사람은 충고라기보다 귀찮은 잔소리로 여기고 귀담아 듣지 않을 뿐 아니라 때로는 반발까지 한다. 심하면 "너나 잘해!" 하며 비아냥거린다.

충고를 하기로 했다면 합리적이고 논리정연하게 문제점을 지적해 주고 개선 방향까지 차분하게 알려줘야 한다. 그렇지 못하면 충고가 충고로 끝나지 못하고 상대를 비난하는 꼴밖에 되지 않는다. 따라서 꼭 누군가에게 충고를 해야겠다면 다음의 몇 가지 사항을 유의해야 한다.

* 충고할 만한 때를 가려서 말하고, 알맞지 않을 때는 말하지 않는다.
* 진심에서 충고하고 거짓되게 하지 않는다.
* 거친 말을 삼가고 부드럽게 이야기한다.
* 의미 있는 말에 대해서만 얘기하고 무의미한 말은 하지 않는다.
* 명령, 지시하는 태도는 좋지 않다. 충고라기보다 조언해 준다는 마음으로, 일방적으로 말하지 않고 동의를 구하는 쪽으로 대화를 이끈다.
* 문제가 되는 것, 객관적으로 볼 때 시정하는 것이 좋을 사항에 대해서만 이야기하고 상대방 성격과 행동 모두를 나무라는 태도를 버려야 한다.

아울러 충고하는 방식으로는 이른바 '샌드위치 화법'이 효과가 있다. 부하직원이 실수했을 때, 상사가 갑자기 큰소리로 호통을 치고 질책을 하면, 부하는 그것을 수용하기보다 오히려 반발심을 갖는다. 실수 한 번에 자존심과 체면까지 망쳐버린다는 생각에 반발심을 갖는 것이다.

그렇다고 해서 부하 직원의 실수를 상사가 지적하지 못하면 실수를 반복할 우려가 있다. 그럴 때 '샌드위치 화법'이 필요하다. 먼저 실수한 부하 직원을 공개적으로 질책하고 충고하면 좋지 않다. 되도록 다른 직원들이 모르게 혼자만 불러놓고 얘기하는 것이 좋다.

먼저 부하 직원의 장점이나 잘하는 점들을 칭찬한 다음, 실수를 지적하고 그 실수에 따른 문제들을 설명하며 조용히 질책하고 충고한다. 그 다음에 다시 장점을 추켜 세워주고 당신은 잘할 수 있다며 격려하는 것이 샌드위치 화법이다.

"자네는 워낙 성실해서 나는 항상 자네를 굳게 믿고 있거든. 그런데 이번 일은 자네답지 않구만. 혹시 너무 과로하는 거 아냐? 자네는 이번 실수의 원인이 뭐라고 생각하나? 사장님이나 전무님도 자네에게 아주 기대가 크시거든. 앞으로는 이런 실수가 없도록 노력해 주게."

이런 식으로 실수를 지적하고 충고해야 듣는 사람도 기분을 상하지 않고, 자신의 실수를 반성하면서 더욱 잘해야겠다고 스스로 다짐한다.

바람직한 문자 메시지

휴대폰의 사용이 일반화된 지 이미 오래다. 우리나라 인구 수보다 휴대폰 보급 수가 더 많다고 한다. 휴대폰이 없으면 불안해서 아무것도 못한다는 휴대폰 중독 현상까지 나타나고 있다. 초등학생부터 노인에 이르기까지 이제 휴대폰은 생활 필수품이다. 더욱이 학생들의 휴대폰 중독 현상이 심각한데, 여학생 중독자가 남학생보다 3배나 많다고 한다.

휴대폰, 특히 요즘의 스마트폰은 다양한 기능을 지니고 있어서 우리의 생활을 대단히 편리하게 해주는 것이 사실이다. 휴대폰의 기본적인 기능은 뭐니뭐니 해도 통화와 문자 메시지다. 문자 메시지만 하더라도 친구나 가까운 사람끼리 주고받는 것은 말할 것도 없고 공적인 각종 연락 사항과 공지 사항까지 문자로 들어온다.

문자 메시지 가운데는 스팸도 있고 전혀 관계없는 것들까지 있어서 때로는 귀찮기도 하지만 많은 장점이 있다. 직접 말하기 곤란하거나 어려운 것도 문자를 통해 자신의 의견을 전달할 수도 있다.

요즘 젊은 남녀들 사이에는 서로 사귀다가 절교할 때도 문자로 보낸다고 한다.

"우리 그만 만나자."는 말을 직접 하기 곤란하고 어려우니까 문자로 전달하는 것이다. 하기는 반드시 감정 교류가 필요한데 자기 의사를 문자로 보내면 어떤 사실은 알려줄 수는 있지만 정확한 감정 전달이 안 돼 오해를 사기도 한다. 하지만 문자 메시지의 활용은 우리 생활에서 불가피하며 큰 도움이 될 때도 적지 않다. 가령, 장례식 같은 경우도 지난날에는 일일이 전화로 알리거나 부고장을 보내야 했다. 그런데 요즘은 문자 메시지로 빠르게 공지할 수 있다.

특히 인간관계 형성과 대인관계에서 문자 메시지는 큰 역할을 한다. 인간관계란 내가 상대방에게 늘 관심을 가지고 있다는 것을 알려야 관계가 유지된다. 몇 달, 몇 년 동안, 연락 한번 안 하다가 결혼식, 장례식 같이 자신에게 필요할 때만 알리면 상대방은 불쾌하게 생각한다.

따라서 평소에 꾸준히 인간관계를 유지해 나가야 하는데, 서로 바쁜 현실에서 매일같이 전화를 직접 걸어 통화하기도 쉽지 않다. 또 현재 아주 가까운 사이는 아니지만 앞으로 좋은 관계를 이어가야 할 만한 사람에게는 자주 전화를 거는 것도 부담을 주는 일이다. 그럴 때 문자 메시지가 아주 편리하고 효과적이다.

수시로 말 대신 문자로 안부를 묻고 자신의 현황을 전하다 보면 잊힐 사람도 기억하게 될 뿐 아니라, 상대방도 자신에게 항상 관심을 가져주는 것에 고마움을 느낀다. 문자 메시지를 효과적으로 활용하라. 인간관계 형성에 큰 도움을 준다.

대화 도중 욕설을 섞지 마라

우 리말에는 유난히 욕설이 많다. 어
느 조사에 따르면 조사된 욕설만
도 1,700여 가지에 이른다고 한다. 다른 나라와 비교해서 압도적으로 많다는
것이다. 이쯤 되면 특별히 욕설이 있는 것이 아니라, 무슨 말이든 욕설이 될
수 있다고 해도 과언이 아니다.

조선 시대 판소리, 민요, 사설시조 등에도 걸쭉한 육담(외설적인 욕설)이 거
침없이 나오고 있다. 우리 민족성과 욕설을 관련시켜 설명하려는 학자도 있
다. 역사적으로 볼 때, 우리말에 욕설이 많은 것은 엄격한 신분 제도로 서민
층에서 자신들의 욕구 불만, 억압된 감정 등을 욕설로 풀었다고 할 수 있다.
그와 함께 귀한 것일수록 함부로 대하고 이름도 천박해야 수명이 길다는 속
설도 한몫을 했을 것이다. 그래서 이름에 개똥이, 말똥이 등을 서슴없이 붙이
기도 했다.

어찌되었든 오늘날 우리는 너무 많이 욕설을 사용하고 있으며 욕의 종류도

무척 다양하다. 어려서부터 부모가 거침없이 사용하는 것을 자주 들었으며, 부모에게 꾸중을 들을 때도 아빠가,

"이 새끼야, 저 새끼야."

욕설을 빼놓지 않으니 일찍이 욕설에 익숙해져 자연스럽게 쓰게 되는 것이다. 뿐만 아니라 가까운 사이라면 욕설을 해야 더 친밀감을 준다는 인식도 한몫하고 있다. 그 때문인지 우리는 거의 욕설을 입에 달고 산다. 가까운 사이일수록 인사말부터 욕설로 시작해서 거의 욕설로 대화한다. 오죽하면 혼자서도 중얼거릴 정도다. 예컨대, 자신이 운전하고 가는데 어떤 차가 갑자기 끼어들어 깜짝 놀랄 때도 "아니, 저xx가!" "저런 x같은 xx!" 같은 욕설이 입에서 저절로 나온다. 상사에게 꾸중을 듣고 나와도 걸어가면서 "에이, xx!" 자기도 모르게 욕설이 나오고, 어디서든 다툼과 시비가 벌어졌다하면 욕설이 난무한다. 우리나라는 목소리 큰 사람이 무조건 이긴다고 서로 질세라, 큰소리로 욕설을 퍼붓는다.

일반적으로 신분이 낮은 사람이 자신의 억압된 감정이나 욕구 불만을 행동으로 표출할 수 없으니까 욕설로 대신한 것에서 비롯되었다. 물론 오늘날 신분의 차이는 없지만, 품위와 품격, 인격이 떨어지는 사람일수록 욕설을 많이 사용한다.

스페인 왕이었던 찰스 4세는 영어는 장사하기에 좋고, 불어는 연애하기에 좋으며, 스페인어는 신을 경배하기에 좋다고 했다. 그가 우리말을 들었으면 뭐라고 말했을지 궁금하다. 우리말은 어휘가 풍부하고 감정 묘사가 많아 욕하기에 좋다고 했을까? 더욱이 초등학교, 중고교 학생들이 새로운 욕설을 많이 만들어내고 있는 실정이 염려스럽다.

욕설에 대해 조금 진지하게 살펴보면, 욕설은 그 사용 목적에 따라 크게 세 가지로 나눌 수 있다. 공격을 목적으로 하는 욕설, 카타르시를 목적으로 하는 욕설, 친근감을 표현하기 위한 욕설이 그것이다. 친근감을 표현하기 위한 욕설은 사실 욕설로 보기 어렵다. "이 자식이!" "이 놈이!" "야, 임마!" 따위도 욕에 해당된다.

하지만 친구 사이에 그런 말은 욕이라고 말하기는 어렵다. 그저 욕의 형식을 빌리고 있다고 볼 수 있다. 아주 가까운 사이라는 '막역莫逆한 사이'란 말 자체가 거칠 것이 없다는 뜻이다. 친구 사이에 가벼운 욕설을 주고받음으로써 친근감, 동지로서의 결속력을 다지는 역할을 할뿐이다.

조폭이 입을 열기만 하면 욕설이 나오듯, 공격을 목적으로 하는 욕설은 대개 폭력으로 발전하기 때문에 욕설 자체도 준폭력이라고 할 수 있다. 사실 우리는 '언어 폭력'이라는 말을 쓴다. 여성에게 노골적으로 성적인 말을 하는 것도 당연히 성희롱에 해당된다. 공격적인 욕설은 주먹을 휘두르는 폭력보다 더 심한 마음의 상처를 주기도 한다.

카타르시스를 위한 욕설은 대부분 혼자서 하는 욕설이다. 대화 도중에도 상대방에게 들리지 않게 마음속으로 하거나 상대가 없을 때 뇌까리는 것이 보통이다. 그러나 카타르시스를 위한 욕설은 순간적, 일시적일 뿐 불만을 비롯한 억압된 감정을 근본적으로 해소시켜 주는 것은 아니다. 중요한 것은 그러한 욕설도 계속해서 사용하면 습관이 된다는 것이다. 따라서 카타르시스를 위한 욕설이 욱하고 폭발하면 결국 공격을 목적으로 하는 욕설로 변형된다는 것을 알아야 한다.

더욱 나쁜 경우는 상대방 앞에서는 달콤한 말을 하고 돌아서서는 온갖 욕설과 이른바 '뒷담화'를 늘어놓는 행동이다. 그거야말로 이중적이고 위선적인 행동이다. 그럼으로써 일시적으로 자신을 위한 카타르시스는 될지 모르지만 조직에서는 은근히 균열을 일으키는 행위이다.

일본에서는 어느 운수 회사 사장이 자기 회사 운전 기사에게 폭언과 욕설을 퍼부었다가 소송을 당하고, 손해 배상을 해주게 된 사건이 있었다. 운전 기사가 얼마나 상처가 컸으면 사장을 고소했겠는가.

우리의 생활에서 어떤 이유로든 욕설을 전혀 안 쓰기는 어렵다. 하지만 욕설은 곧 자신의 인격과 관련된다. 따라서 되도록 욕설을 삼가야 한다. 또한 같은 욕설이라도 천박하고 저속하고 지독하고 극단적인 욕설이 있는가 하면, 들어서 그다지 어색하지 않은 욕설이 있다. 어쩔 수 없이 욕설이 나오게 되더라도 상대방에게 상처를 주는 욕설, 모욕적인 욕설을 삼가야 한다.

인격의 잣대를 결정짓는 존댓말과 반말

우리말에는 존댓말과 반말, 두 가지 말이 있다. 그래서 외국 사람들은 한국말 배우기가 무척 어렵고 까다롭다고 한다. 비단 외국인들뿐 아니라 우리들도 존댓말과 반말을 제대로 사용하지 못하는 경우가 많다.

더욱이 완전한 존댓말도 아니고 반말도 아닌 반존댓말도 있다. 반쯤 존댓말 비슷하게 얼버무리거나 명령조로 하는 말이다.

"어이, 여기 좀 봐요!"

"일 좀 제대로 해요!"

"여기 물 가져와요!"

"그래요?"와 같은 말이 반존댓말이다. 그러다보니 "너나 잘하세요."와 같은 존댓말도 반말도 아닌 유행어까지 나왔다.

특히 요즘 어린이나 청소년들은 어려서부터 반말을 쓰면서 존댓말을 올바르게 배우지 못한 탓으로 어처구니없는 존댓말을 한다. 자기 나름으로 존댓

말을 한다는 것이 웃음을 자아낼 때가 한두 번이 아니다. 이를테면,

"선생님, 날씨가 좋으시죠?"

"아빠, 전화 오셨어요."

"엄마, 비가 오실 것 같아요."

등등 존댓말은 사람과 그 사람의 감정이나 행동을 가리키는 것인데, 혼동을 일으켜 사물에 붙이기도 한다. 존댓말은 자기보다 나이가 많은 사람, 나이가 자기보다 어리더라도 신분이 높은 사람을 존중하고 높여서 하는 말이다. 또는 가깝지 않은 사이, 공식적인 대화, 한 사람이 여러 사람에게 얘기할 때, 장사하는 사람이 고객에게 주로 사용한다.

반말은 자기보다 어린 사람에게, 자기보다 아랫사람에게, 아주 가까운 친구나 또래 등에게 사용하며 아직 말을 완전히 배우지 못한 어린 아이가 흔히 쓰는 말이다. 존댓말이나 반말은 불편한 점도 많지만 장점도 많이 지니고 있다. 상대를 존중하고 자신을 낮추는 겸손한 태도는 예의바르고 인성이 올바른 사람이 되게 한다.

문제는 존댓말보다 반말을 함부로 사용할 경우이다. 자기가 신분이 상대보다 높다고 해서 나이 많은 아랫사람, 부하 직원에게 마구 반말을 하거나, 식당의 종업원에게 "아!" "여기 물수건 좀 줘!" "왜 이렇게 느린 거야?" 등등의 반말을 예사롭게 한다. 속된 말로 목에 힘이 들어가거나 돈을 좀 벌면 자신이 대단한 인물인 양 서슴없이 아무에게나 반말을 한다.

부부 사이에도 반말을 하는 경우가 흔하다. 부부는 일반적으로 남편이 아내보다 나이가 약간 많은 경우가 대부분이어서 오래 전부터 남편이 아내에게 반말을 써왔겠지만, 그보다 남편이 아내에게 반말하는 것은 여자를 낮춰보는 남녀 차별 의식에서 비롯된 것이다. 심지어 아내에게 '야!, 너!' 하는 것은 지나치

다. 부부가 서로 존중한다면 부부 사이에도 존댓말을 쓰는 것이 좋다.

특히 요즘 젊은 부부들은 여자가 연상인 경우도 많고, 동갑끼리의 결혼도 많고, 존댓말에 익숙하지 않은 탓인지, 부부가 서로 야, 자, 너하고 마구 반말을 해대는 경우를 흔히 본다. 조금 낫다는 것이 '자기야' 하는 정도다. 부부보다 가까운 사이는 없겠지만 서로 존중하며 존댓말을 쓰는 것이 더 친밀해 보인다. 또한 어려서부터 부모의 과잉 보호를 받으며 성장한 탓인지, 완전한 성인이 되어서도 '엄마'라고 부르는 남자들이 많다. 나이 사십이 된 남자가 어머니한테,

"엄마, 나 먼저 간다."

"엄마, 좀 와 봐"

하는 것은 듣기 거북하다. 어딘지 아직 성숙하지 못한 사람처럼 보인다. 젊은 사람들이 존댓말에 서투르다면 오히려 반말을 삼가고 모두 존댓말을 하는 것이 훨씬 낫다.

상대의 장점을 말해 다독여준다

고 대 그리스에 유명한 애꾸눈 장군
이 있었다. 그는 죽기 전에 자신의
초상화를 남기고 싶어서 이름이 알려진 뛰어난 화가들을 불러 자신의 초상
화를 그리게 했다. 그런데 그들이 그린 초상화가 도무지 마음에 들지 않았다.
어느 화가는 자신의 애꾸눈을 사실대로 그렸지만 마음에 들지 않았고, 또 어
떤 화가는 일부러 장군에게 잘 보이려고 사실과 다르게 두 눈을 멀쩡하게 그
린 것이다. 장군은 실제의 자기 모습이 아닌 그런 초상화가 마음에 들지 않았
다.

그럴 때, 어느 이름 없는 젊은 화가가 찾아와 자신이 장군의 초상화를 그려
보겠다고 자청했다. 장군은 기대하지 않았지만 마음에 드는 초상화가 없었기
때문에 그 이름 없는 화가에게 한번 그려보라고 했다. 얼마 후 이름 없는 화가
가 초상화를 완성해서 장군에게 내놓았는데, 장군은 더없이 만족스러워했다.
그 무명의 화가는 애꾸눈 장군의 모습을 어떻게 그렸을까? 장군의 옆모습을

그렸던 것이다. 눈이 온전한 쪽에서 옆모습을 그렸으니 틀림없는 장군의 얼굴 모습이었고 애꾸눈도 아니었다. 이처럼 사람을 볼 때, 어느 관점에서 어떻게 보느냐가 중요하다. 그에 따라 상대의 단점은 감춰지고 장점만 보일 수도 있는 것이다.

이 세상에 완벽한 사람은 아무도 없다. 누구나 장점이 있고 단점이 있다. 상대의 장점을 보는 사람에게는 점점 상대방의 많은 장점들이 보이고, 단점만 찾아내기 시작하면 더욱 단점들이 두드러진다. 당연히 자기 자신도 마찬가지다. 자신도 살펴보면 단점 투성이인데 내 단점은 생각하지 않고, 상대의 단점만 지적하는 사람들이 많다.

단점도 보는 관점에 따라 얼마든지 다르게 보일 수 있다. 예컨대, 그 사람은 '너무 깐깐하고 까다롭'고 하면 단점으로 들리기 쉽다. 아울러 상대방의 단점은 조금씩 더 부풀려 말하려는 경향이 있다. '깐깐하고 까다롭다' '바늘로 찔러도 피 한 방울 안 나 사람' '인정사정없는 사람' '인간미가 전혀 없는 사람'으로 점점 부풀려지는 것이다.

하지만, '깐깐하고 까다롭다'는 단점을 '꼼꼼하고 빈틈없다'로 바꿔 말하면 단점이 장점으로 바뀔 수도 있는 것이다. '그 사람은 철저하고 빈틈없다' '얼마나 꼼꼼하고 빈틈없는지 그 사람이 했다면 완전히 믿을 수 있다.' 이렇게 장점이 될 수 있는 것이다.

필자가 어느 강의 시간에 장점과 단점에 대해 여러 가지 설문 조사를 했더니, 자신의 단점을 장점으로 칭찬받을 때 가장 기분이 좋고 감동을 느낀다는 대답이 아주 많았다. 다른 사람의 단점을 지적하기보다 장점을 찾으면 인간관계가 좋아진다. 아울러 상대방의 단점으로 여겨지는 것도 장점으로 보기 시작하면 정말 그 사람의 장점인 것으로 보인다.

자신이 단점으로 여기던 것을 누군가가 오히려 장점으로 말해준다면 얼마나 듣기 좋고 기분 좋은 일인가. 그렇게 말해준 사람을 더욱 좋아할 것이다. 그야말로 옛말처럼 '누이 좋고 매부 좋고' 아닌가. 서로 좋은 일인데 망설일 이유가 없다. 공자孔子도,

"군자는 타인의 좋은 점을 말하고 악한 점은 말하지 않는다. 반대로 소인은 타인의 좋은 점은 말하지 않고 악한 점만 말한다."

이렇게 말했다. 내가 군자가 되고, 소인배가 되는 차이는 자기 자신의 말하기에 달린 것이다.

행복과 성공을 약속하는 행운의 말

1. CAN

하늘도 '할 수 없다'고 말하는 사람은 돕지 않는다. 독일의 대문호 괴테는 우리에게 기적이 있다고 했다. 무엇인가 할 수 있다고 생각하면 정말 그렇게 되는 기적이 일어난다는 것이다. 하늘도 할 수 있다고 말하는 사람을 돕기 때문이다. 부모는 항상 자녀에게 '할 수 있다'의 메시지를 전해야 한다.

"네가 하는 짓은 언제나 그 모양이야."

"너는 도무지 엄마 마음에 들게 하는 게 하나도 없어."

"그럴 줄 알았어. 네가 뭘 제대로 하겠니?"

이런 부정적인 말을 계속 듣고 성장하면 정말 아무것도 할 수 없고, 성격이 빗나가기 쉽다.

2. WILL

다른 사람, 특히 아랫사람, 청소년에게 '너는 될 것이다.'라는 긍정의 메시지를 심어줘야 한다. 세계적인 물리학자 아인슈타인의 어머니는 선생님에게 손바닥이 벌겋게 되도록 매를 맞고 돌아온 아들의 손에 입을 맞추며,

"사랑하는 아들아, 너에게는 다른 사람이 갖지 못한 특별한 재능이 있다. 너는 반드시 훌륭한 일을 하게 될 것이다."

라고 했으며 학교 성적이 형편없던 그는 천재 물리학자가 되었다. 아랫사람이나 자녀에게,

"넌 사람 되기 틀렸어."

"넌 문제투성이야."

"넌 싹수가 노랗다."

이런 말은 금물이다.

3. 인정

사람은 누구나 인정받고 싶어 하며 인정을 받을수록 더욱 능력을 발휘한다는 말은 자주했다. 전반적으로 능력이 부족해 보이는 사람도 어느 한 가지라도 재능이 있는 부분이 있다.

공부는 잘 못하지만 운동 실력이 뛰어나다든가, 운동을 못하지만 노래는 잘한다든가, 누구에게나 한두 가지 뛰어난 재능이 있기 마련이다. 그것을 찾아내서 연마하면 얼마든지 성공할 수 있다. 따라서 상대방이 작은 능력이라도 보이면 그것을 대단한 것으로 인정해 줘야 한다. 그러면 상대방은 자기 적성을 찾아낼 수 있으며 숨은 능력을 발휘할 수 있다.

4. 격려

역시 자주 설명했다. 남을 격려해서 내가 손해 볼 일은 아무것도 없다. 남

을 격려하는 데 비용이 드는 것도 아니다. 남을 격려한다고 내 체면이나 인격이 손상되는 것도 아니다. 격려에 인색하지 마라. 격려를 잘하는 사람에게는 많은 사람이 모여든다. 그리하여 좋은 인간관계를 맺을 수 있다.

5. 칭찬

칭찬에는 두 가지가 있다. 잘한 것을 칭찬하는 것과 못한 것을 칭찬하는 것 두 가지다. 잘한 것을 칭찬하면 더욱 잘하게 되고, 못한 것이라도 칭찬하면 상대방은 힘과 용기를 얻는다. 격려가 되는 것이다. 가령, 자녀가 수학을 70점을 받았을 때,

"잘했어. 조금만 노력하면 더 잘할 수 있겠구나."

자녀는 좀 더 좋은 점수를 받기 위해 정말 노력한다. 그러나,

"이게 뭐야? 겨우 70점이야? 다른 아이들은 모두 90점 이상이고 100점을 받는 아이들도 있는데 너는 어떻게 언제나 70점이냐? 넌 왜 그렇게 수학을 못하니? 정말 창피하다, 창피해."

하며 꾸중해 보라. 아이는 점점 수학이 싫어지게 되고, 성적은 더욱 떨어질 수밖에 없다.

6. 감사

발명왕 에디슨의 일화이다. 그의 연구소에 불이 나서 하루아침에 잿더미로 변해버렸다. 직원들이 크게 낙담하고 있을 때 67세의 에디슨이 이렇게 말했다.

"우리의 모든 잘못된 것들이 다 불타버렸다. 새롭게 시작할 수 있게 된 것을 하나님께 감사드려야 한다."

매사에 감사하고 아주 사소한 것에도 감사하면 긍정적인 마인드를 갖게 되고 기적처럼 일이 잘 풀려나간다. 불평, 불만이 많은 사람은 아무리 큰 것을 얻어도 감사할 줄을 모른다. 그래서 더욱 욕심을 내고 탐욕적으로 되어 마침내 실패하고 만다. 감사하면 무엇보다 자신의 마음이 평화로워진다. 평화로운 마음, 안정된 마음, 긍정적인 마음으로 일을 하니까 일이 잘 풀려나가는 것이다.

7. 진실

"말은 곧 생각이며 생각이 곧 말이다."라고 했다. 그 사람의 말을 들어보면 그 사람이 무슨 생각을 하고 있는지 짐작할 수 있다. 우리는 입으로 진실을 말할 수도 있고 거짓을 말할 수도 있다. 하지만 거짓말은 반드시 드러나게 되어 있다. 상대의 마음을 움직이려면 자신의 마음에서 우러나오는 진실한 말을 해야 한다. 거짓말은 상대를 잠시 속일 수는 있어도 결코 움직일 수는 없다. 원하는 것을 얻고자 한다면 아무리 어렵더라도 진실한 말을 하라. 진실한 말을 해야 신뢰감을 얻는다.

8. 예, 아니오

영국의 수상 처칠이 아주 급한 일로 운전 기사에게 전속력으로 차를 몰게 했다. 그러다가 빨간 정지 신호가 들어와 운전 기사가 차를 세웠다. 마음이 급한 처칠이 둘러보니 아무도 없었다. 그래서 운전 기사에게 신호를 무시하고 그냥 가라고 지시했다. 그런데 어디서 나타났는지 경찰 순찰차가 뒤쫓아와 처칠의 차를 세웠다. 처칠은 할 수 없이 교통 순경에게 자신의 신분을 밝혔다.

"여보게, 나 처칠 수상일세. 내가 아주 바쁜 일이 있어서 신호를 무시했는데 좀 봐주게나."

그러자 교통 순경이 정색을 하며 말했다.

"그럴 리가 없소. 당신은 가짜요. 당신이 진짜 영국 수상 처칠이라면 교통 신호를 안 지킬 리가 없소."

처칠은 고개를 숙이고 교통 법규 위반을 시인했다. 그 뒤에 처칠은 자신의 임무에 충실했던 그 교통 순경을 승진시키도록 조치했다. 하지만 그 교통 순경은 자신이 마땅히 해야 할 일을 한 것뿐인데, 그것 때문에 승진할 수 없다며 거절했다는 유명한 일화이다.

'Yes Man'이라는 말이 있다. 권력자, 자신보다 상급자의 말에 무조건 '예' 하는 사람을 가리키는 말이다. 그것은 결과적으로 윗사람을 망치고 자기 자신을 망치는 행동이다. 올바른 상황 판단을 할 수 없기 때문이다.

유명한 빌 게이츠의 인사 원칙 가운데 하나가 '예스맨'은 절대로 쓰지 않는다는 것이다. 그는 "예스맨은 필요 없다. 분명한 자신의 견해를 가지고 경영자와 토론할 수 있는 사람이 돼라."고 강조했다. 자신의 판단으로 진정 옳다면 '예'라고 해야겠지만, 상급자의 체면을 위해서 그에게 아부하고 아첨하기 위해 잘못된 것도 '예'라고 하거나 '아니오'라는 말을 하기 두려운 사람은 성공할 수 없다. 아니라고 생각되면 아무리 난처한 상황, 자신에게 불리한 상황에서도 단호하게 '아니오'라고 말하는 사람이 마침내 정당한 인정을 받게 된다.

처음 만나면 어떻게 대화를 풀까

분위기를 주도하라

흔히 남녀가 첫 데이트를 할 때, 괜찮은 레스토랑에 가서 함께 식사를 한다. 그럴 때 여자는 대체적으로 음식을 조금만 먹고 남겨 놓는다. 그래야 게걸스럽지 않고 정숙해 보일 뿐 아니라, 남자의 보호 본능을 자극한다는 것을 여자가 알기 때문이다.

한편 남자는 당당하고 적극적이며 리더십이 강하다는 것을 보여주기 위해 분위기를 일방적으로 끌어가거나 상당한 허풍과 허세를 부리기도 한다. 과거에는 그런 거짓 남성다움이 먹혀들었지만 요즘 여성들에게는 먹혀들지 않는다.

어찌되었든 남자나 여자나 첫 만남에서는 서로 약간의 거짓 행동, 즉 쇼를 하는 것이 보통이다. 자신을 잘 보이려고 진실성보다는 연기를 하는 것이다. 진실하지 못한 것은 바람직한 태도가 아니다. 하지만 첫 만남에서는 잠시 연기자가 되어 연기를 할 필요가 있다. 다만, 앞의 경우처럼 진실성 없는 행동보다 분위기를 원만하고 부드럽게 이끌어가기 위해 연기가 필요하다는 것이다.

처음 갖는 대화는 자칫하면 어색하고 서로 관심사나 화제가 맞지 않아 분위기가 경직되는가 하면, 대화가 원만하게 진행되지 못하고 자꾸 끊기는 경우가 많다. 대화가 끊기고 침묵의 여백이 길어지면 불편할 뿐 아니라, 여자는 빨리 자리에서 벗어날 생각마저 하게 된다. 아무래도 여자보다는 남자가 대화를 리드해야 하기 때문에, 특히 남자에게 연기력이 필요하다.

그렇다고 해서 남자가 갖가지 허풍을 늘어놓으며 혼자 일방적으로 떠들어도 첫 데이트는 실패한다. 먼저 분위기를 잘 조성해야 한다. 대화가 끊어지지 않게 하고, 상대가 지루해 하거나 당혹스러워 하거나, 생소한 화제를 꺼내 대답하기 어려운 궁지로 몰아서는 안 된다.

요즘은 스포츠에 관심이 많은 여자들도 있지만, 예전의 여자들은 스포츠에는 별 관심이 없었다. 그래서 데이트를 망치는 남자의 대화에 스포츠 이야기가 들어있었다. 또 남자들은 군대에 다녀오기 때문에 군대 생활했던 얘기를 자랑스럽게 늘어놓는 경우가 많았다. 그것 역시 여자에게는 별 관심 없는 얘기다. 그래서 여자가 질색하는 남자의 얘기로, 군대 생활 얘기, 축구에 대한 얘기, 최악은 군대 가서 축구한 얘기라는 유머가 있었다.

조심스럽게 분위기를 살펴가며 여자가 관심을 가질 만한 얘기, 흥미를 느끼는 얘기를 꺼내 여자도 얘기할 수 있는 기회를 주고, 그에 대한 자신의 지식을 자랑스럽게 늘어놓기보다는 자기 생각을 말하고 또 여자의 생각을 듣고, 때때로 유머 있는 얘기로 분위기를 띄워 가야 한다. 그것이 연기이다.

연기력을 키우려면 우선 자신이 많은 것을 알아야 한다. 그러기 위해서는 무엇보다 독서량이 많아야 한다. 그렇다고 학자처럼 깊이도 없는 전문 지식을 외국의 전문가 이름까지 거론하며 현학적으로 늘어놓아서는 절대 안 된다. 될 수 있는 대로 상대의 수준에 맞춰줘야 한다.

또한 자신이 잘 모르는 것은 모른다고 솔직하게 말하고, 자신의 견해와 대화에 진정성을 가져야 한다. 또한 위압적인 태도보다 다정다감하고 감정 표현이 풍부해야 상대가 분위기에 젖어든다. 정치 문제 등을 꺼내 마치 자신이 진보 혁신적이며 반체제인 것처럼 흥분하고 격렬한 감정을 보이는 것은 절대 금물이다. 정치, 시사와 같은 문제는 피하는 것이 좋다. 최고의 첫 대화는 정서적이며 상대가 편안함을 느끼게 하는 것이다.

이미지를 남겨라

첫 만남에서 서로 어느 정도 호감을 느끼게 되면 데이트를 지속할 수 있다. 서로 전화번호도 주고받는다. 여자에게 호감을 느낀 남자가 눈치 없이 다짜고짜,

"여섯 시까지 나와요."

"뭐하고 있습니까? 나오세요."

와 같은 일방적인 명령을 하면 거절당하기 일쑤다. 그보다는,

"꼭 눈이 내릴 것 같은 날씨입니다. 문득 생각이 나서 전화드렸습니다."

"음악을 듣다가 당신 생각이 났습니다. 이 음악 어떠세요? 제가 아주 좋아하는 곡입니다."

하면서 잠시 음악을 들려준다거나, 역시 대화할 수 있는 분위기를 만들어야 하며 당장 만나자고 서둘러서는 안 된다.

"날마다 당신이 생각나는군요. 자꾸 보고 싶어집니다."

이런 정도의 대화와 안부를 묻고 전화를 끊는다. 그것이 이미지를 남기는

것이다. 그러면 여자도 남자에 대한 생각을 더 많이 하게 된다.

그 다음부터 전화는 자주 거는 것이 좋다. 주로 여자의 안부를 묻고 자신의 안부를 전한다. 그 다음 적절한 시기에 적절한 구실로 만날 기회를 만들어야 한다.

"제가 음식이 아주 맛있는 레스토랑을 알아냈거든요. 저는 아무 때나 좋습니다만, 당신은 언제가 좋으시겠어요? 정말 보고 싶습니다."

"당신과 함께 뮤지컬을 보고 싶거든요."

하며 보고자 하는 뮤지컬의 음악이라든가, 스토리를 간단하게 설명하고,

"언제 시간 내실 수 있습니까? 말씀해 주시면 제가 예약을 하겠습니다."

하는 식으로 여자가 만나러 나올 수 있는 구실을 만들어주는 것이 효과적이다.

기선을 제압하라

여자는 성격에 따라, 남자가 주저하거나 머뭇거리거나, 우유부단하고 여자에게 자꾸 의존하려는 남자를 싫어하는 경우도 많다. 사실 여자에게는 은근히 남자가 적극적으로 리드해주기 바라는 속성도 있다.

따라서 함께 식사를 하게 되었을 때, 남자가 자꾸 어떤 종류의 식당을 가면 좋을지 묻는다거나, 식당에 가서도 메뉴를 너무 여자에게 의존하려는 것보다는 첫 만남이 아니라면 적극적인 태도가 좋다. 물론 여자의 의견은 항상 물어야 한다.

"저는 퓨전 음식을 좋아합니다만, 당신은 어떠세요?"

하고 자신의 생각을 알리며 의향을 물으면, 대부분 여자가 남자의 의견에 따른다. 아니면 자신은 한식이 좋다든가, 일식이 좋다든가, 취향을 말하게 된

다. 서로 차이가 있을 경우는,

"좋습니다. 사실 저는 음식은 거의 가리지 않습니다."

하고 여자의 의견을 따르는 것이 좋다. 식당에 가서도 메뉴판을 들고 한참 동안 머뭇거리지 말고, 되도록 여자가 좋아할 듯한 메뉴를 염두에 두고,

"저는 비빔밥이 좋은데, 당신은 어떠세요?"

하며 여자가 따라올 수 있게 하면 좋다. 그런 식으로 차츰 기선을 제압하고 주도권을 갖는 것이 효과적이다.

대화에서는 첫 만남이나 몇 차례의 만남이나 항상 긍정적인 대화가 좋다. 그럼으로써 자신이 긍정적인 사람이며 긍정적인 마인드를 가지고 있다는 사실을 알리는 것이 좋다. 부정적인 말, 세상을 비판하는 말, 누군가를 비아냥 거리는 말투는 여자를 실망시킨다. 때로는 비뚤어진 시각을 가지고 있다고 불안해하거나 경계하고 마침내 관계를 끊을 생각을 하게 된다.

성공적 만남을 위한 말

남녀 관계에서 성공적인 만남을 위해 가장 중요한 것은 대화이다. 그 첫째 요소는 자신감이다. 자신의 외모나 환경을 비롯한 조건들이 다소 떨어지더라도 자신감과 여유를 가지고 대화하다 보면 부족한 점들이 의외로 매력으로 작용할 수 있다.

그 다음 대화에서 중요한 것은 상대를 인정하는 것이다. 자신이 우위에 서서 위압적인 자세를 보이면 그 만남은 실패할 것이 뻔하다. 상대가 자기를 낮추면서 부족한 부분들을 이야기하더라도 한심해 하거나 무시하거나 비웃는 듯한 태도를 보이지 말고 겸손을 칭찬하거나 격려해줘야 점수를 딴다.

또한 대화할 때는 논쟁을 피하고 다양한 정보를 공유하는 것이 좋다. 그렇

다고 해서 상대방의 의견에 무조건 동조하거나 아첨하는 듯한 태도를 보이면 오히려 역효과다. 서로 견해가 다르더라도 자신의 견해와 함께 상대방 견해도 존중하고 인정해 주는 자세를 보여야 한다. 특히 어떠한 주제, 어떠한 상황에도 극단적인 표현은 삼가고 배려와 관용적 태도를 보이는 것이 좋다. 그밖에 성공적인 만남을 위한 대화의 요령들에는 다음과 같은 것이 있다.

* 부정적인 단어를 사용하지 말 것
* 남의 비밀을 누설하거나 헐뜯는 말을 하지 말 것
* 상대방에게 말할 기회를 많이 주고 말의 수위를 조절할 것
* 진실을 이야기하고 말과 행동을 일치시킬 것
* 상대방의 자존심에 상처가 될 만한 말은 절대로 삼갈 것
* 자신감을 갖되 부드럽게 표현할 것
* 긍정적인 유머, 건전한 농담을 할 것
* 항상 상대방의 입장을 배려해서 말할 것
* 시의에 맞는 말을 할 것
* 상대가 화를 내더라도 맞서지 말고, 너그럽게 받아들일 것

말은 인생을 푸는 열쇠다

사람은 누구나 그가 하는 말에 의해서 그 자신을 비판한다. 원하든 원치 않든 간에 말 한 마디가 남 앞에 자기의 초상을 그려 놓는 셈이다

― 에머슨

어린아이처럼 살아라

어린아이는 순수하고 천진난만하다. 인간다운 본연의 모습이다. 어린이들은 자신의 꾸밈없는 감정에 따라 행동한다. 그래서 감정 지수EQ가 높다. 그런데 정신 질환 가운데 '어린이 상실증'이라는 것이 있다. 이 정신 질환은 울고 싶을 때 울지 못하고, 웃고 싶을 때 웃지 못하고, 놀고 싶을 때 놀지 못하다가 마침내 점점 정신이 이상해지는 질환이다. 이 정신 질환은 사람에게 반드시 있어야 하는 어린이의 기능을 잃어버린 탓으로 인간성 자체를 상실하게 되는 무서운 정신병이다.

또한 어린이는 현재의 상황에 몰입을 잘하는 특성이 있다. 예컨대, 어린이들이 노는 모습을 보면 정신없이 몰입해 있다. 옆에서 무슨 일이 벌어져도 전혀 신경을 쓰지 않는다. 그러다가 갑자기 서로 싸우기도 하고, 싸웠다가도 금세 헤헤거리고 웃어대며 다시 서로 장난을 친다. 어린이들은 지나간 일은 금방 잊는 것이다. 그렇기 때문에 현재의 상황에 더욱 몰입할 수 있다.

우리의 삶도 어린이와 같아야 한다. 오늘에 몰입하고 현재를 살아야 한다. 철학자 니체는 삶을 긍정적으로 평가하는 철학자이다. 그는 긍정적인 삶은 자신이 즐기는 것을 선택해서 그것에 집중적으로 몰입하는 것이라고 했다. 자신의 운명, 그 자체를 사랑하는 것이다.

어린이처럼 살아갈 수 있다면 우리는 초인이 될 수 있다. 자신이 하고 있는 일을 즐긴다는 것은 그러한 일이 영원히 반복되어도 항상 같은 선택을 하리라는 것을 의미한다. 만약 다시 태어나도 그 일을 하게 될 때 정말 끔찍할 것이라는 생각이 들면, 아예 당장 그만두고 다른 일을 찾아야 한다. 영원히 반복되더라도 아무런 후회가 없는 세상이 있다면, 바로 자신이 좋아하는 일을 하면서 즐기고 사는 세상일 것이다. 지금 당신은 그런 세상에서 그처럼 즐기는 일을 하고 즐겁게 살고 있는가를 한번 생각해 보라.

용서하지 못하는 것 세 가지

다른 사람을 용서하지 못한다는 것은 결국 자기 자신을 용서하지 못하는 것이다. 자신에게 고통을 준 누군가를 용서하지 못하고 있는 내면을 보면, 자기 자신의 삶이 그 사람으로 말미암아 온통 뒤죽박죽되고 정상적인 삶을 살아가지 못한다고 여긴다. 자신이 평상심을 찾으려면 증오와 분노의 대상이 되는 사람을 용서해야 한다. 따라서 용서는 결국 자기 자신을 위한 결단이라고 할 수 있다.

그러나 남은 용서하더라도 절대로 자기 자신을 용서하면 안 되는 것, 자기 자신을 자기가 용서할 수 없는 것 세 가지가 있다. 과연 무엇일까?

첫째는 인생을 낭비하는 것이다. 소중한 시간을 허송세월로 낭비하거나 전혀 자신의 인생에 도움이 안 되는 쓸데없는 일에 매달려 시간과 에너지를 낭비하는 것은 결코 자신이 용서해서 안 된다. 그러한 자신에게 분노하고 분발해야 한다.

두 번째는 세상을 재미없어 하는 것이다. 내가 이 세상에 나온 것은 세상을 재미있게 살아가며 세상을 통해 공부하고 배우라는 것이다. 학생이 학교 가는 것을 싫어하고 공부를 재미없어 하면 좋은 성적을 얻을 수 없다. 좋은 성적을 얻지 못하면 원하는 상급 학교로의 진학이 어렵다. 결국은 자기 인생의 진로도 흔들린다.

직장인이 자기 회사를 싫어하고, 직장에 나가기를 싫어하고, 자신이 맡은 업무를 싫어한다면 어떻게 될까. 결과는 뻔하지 않은가? 결국 회사에서 쫓겨나게 되고, 그처럼 의욕이 없는 사람을 받아 줄 회사는 아무 곳에도 없다.

마침내 실업자가 되어 방황하거나 자신의 인생도 엉망진창이 될 것이다. 장래에 대한 아무런 계획도 세울 수 없으며 결혼해서 가정이 있다면 가정도 파탄날 것이다. 자신이 세상 사는 재미가 없다면 절대로 그런 자신을 용서해서는 안 된다.

세 번째는 자기 자신을 사랑하지 않는 것이다. 누구든 자신의 입장에서 보자면 자신은 세상의 주인공이며 모든 행위들이 자신을 중심으로 움직인다. 자신이 세상의 중심이다. 자기애, 이기심, 개성, 정체성, 자존심 등등 모두 자기를 중심으로 나타난다. 그런데 자신을 사랑하지 않는다면 자신의 존재 가치가 없는 것이나 마찬가지다.

자신을 사랑할 때, 잘되고자 성공하려고 노력하고, 행복을 추구할 수 있다. 자기가 자신에게 애착이 없다면 자기 학대, 자해 행위 같은 부정적인 행동이 일어난다. 자신을 사랑하지 않는다면 그것 역시 결코 용서해서는 안 되는 일이다.

한계를 깨야 한없이 높은 곳을 향한다

어느 심리학자가 여러 마리의 벼룩을 가지고 벼룩이 얼마나 높이 뛸 수 있는지 실험했다. 그는 이 실험을 통해 모든 벼룩들이 20센티는 충분히 뛰어오를 수 있으며 어떤 벼룩은 30센티까지도 뛰어오른다는 것을 알아냈다. 그는 다시 가장 높이뛰기를 잘하는 벼룩들만 골라서 높이가 7~8센티에 불과한 유리컵에 넣고 뚜껑을 닫아 놓았다.

그러자 벼룩들은 유리병 안에서도 제각기 뛰어오르는데 뚜껑에 부딪쳐 더이상 뛰어오르지 못했다. 얼마 뒤에 심리학자는 이번에는 유리컵의 뚜껑을 벗겨주었다. 그러면 벼룩들이 유리병 밖으로 뛰어오를 것으로 예상했다. 그런데 웬일일까? 벼룩들은 뚜껑이 없어도 7~8센티 이상은 뛰어오르지 못하는 것이었다. 벼룩들은 유리병 안에 갇혀 있는 동안 뛰어오를 수 있는 한계가 7~8센티라는 것에 숙달된 것이다.

인간의 능력에도 한계는 있다. 그러나 달리기와 같은 체력적인 한계가 있을 뿐 인간의 능력은 무한하고 누구나 엄청난 잠재력을 가지고 있다. 그런데 인간은 스스로 자신의 한계를 설정하는 습성이 있다.

요즘 초등학생들에게 장래 희망이 무엇이냐고 물으면 교사, 공무원 등을 우선적으로 손꼽는다고 한다. 교사나 공무원을 희망하는 것이 잘못되었다기보다 자신의 능력과 한계를 너무 낮고 안전하게 잡는 것이다. 마치 20~30센티 뛰어오르던 벼룩이 병속에 갇힌 뒤에는 불과 7~8센티를 뛰어오를 수 있는 한계로 인식하게 되는 것처럼 스스로 벽을 만드는 것이다.

꿈, 목표, 장래 희망이라면 웅대해야 한다. 그래도 성장하고 나면 현실에 부딪치면서 점점 한계가 낮아지고 현실과 타협하게 된다. 그런데 처음부터 낮은 한계를 설정하면 그 이상 뛰어오를 수가 없다. 어린이는 말할 것도 없고 청소년, 성인이 되어서도 자신의 벽, 자신의 한계를 깨야 한다. 한계를 깨야 잠재 능력까지 발휘해서 한없이 높은 곳을 향할 수 있다. 그것 역시 긍정적인 마인드에서 비롯된다. "나는 할 수 있다."는 생각을 가져라.

한계는 어떻게 만들어지나

우리 인간은 참으로 대단한 존재지만 알고 보면 더없이 연약한 존재였다. 우리의 먼 태고의 조상들은 작은 유인원에 불과했다. 사자, 표범, 하이에나와 같은 포식 동물이 아니라, 그들에게 잡혀 먹히는 사냥감에 불과했다. 따라서 포식 동물들이 무서워 땅에서 살지 못하고 원숭이류와 같이 나무 위에서 생활했다.

용기 있게 나무 위에서 내려와 땅에서 먹이를 구할 때도 한동안은 포식 동물을 경계할 수 있게 하기 위해서 낮에는 땅에서 먹이를 구하고 밤에는 다시 나무 위로 올라갔다. 하지만 우리 인류의 선조들은 다른 동물과 비교해서 두

뇌가 뛰어났다. 그로 말미암아 도구를 사용할 수 있었기 때문에 점점 도구를 발전시켜 무기를 만들었다.

무서운 포식 동물이나 덩치 큰 동물에게 가까이 다가가지 않고 멀리서 창을 던져 그들을 죽일 수 있었다. 자신감이 생기자 나무 위에서의 생활을 완전히 청산하고 땅으로 내려왔다.

그리고 또 하나. 인류에게는 다른 동물에게서 찾을 수 없는 또 다른 뛰어난 장점이 있었다. 바로 도전 욕구였다. 동물들은 거의 대부분 서식지가 있어서 오직 그곳에서 대를 이어 살아간다. 그러나 우리의 먼 조상들은 한 곳에 머물지 않고 먹이를 찾아 새로운 땅을 찾으며 끊임없이 이동했다. 그 결과 아프리카에서 발원한 인류의 조상은 마침내 지구상의 전 대륙으로 퍼져 나갈 수 있었던 것이다. 인류가 가진 체력의 한계, 능력의 한계를 도전으로 깨뜨린 것이다.

오늘날 우리는 어떠한가? 여전히 우리는 생물학적으로 연약한 동물에 불과하다. 인간보다 덩치가 크고 힘이 센 동물들이 수없이 많고, 빠르기도 많은 동물들에 비해 훨씬 뒤처진다. 그러나 우리는 먼 조상들로부터 물려받은 뛰어난 두뇌와 도전 욕구를 지니고 있다.

그러한 타고난 능력만 발휘한다면 우리에게 '한계'란 있을 수 없다. 그런데 우리는 그것을 발휘하지 못한다. 왜 그럴까? 유명한 철학자이자 정신의학자인 칼 융은,

"인간이 어떤 한계를 느낄 때 그에게는 적어도 세 가지 심리 현상이 나타난다."고 했다.

첫째는 '불안함'이다. 우리는 자신이 체력적으로 감당하지 못할 수준에 이르거나 더 이상 능력이 없다고 판단하면 불안함을 느낀다.

"난 더 이상 못해."

"내 능력을 거기까지인가 봐."

"나보고 어떻게 하란 말이지?"

하며 불안해 하고 스스로 체념하려고 한다.

둘째, '억압 감정'이다. 자신이 판단하는 어떤 한계에 이르면 가슴이 답답해지고 무엇엔가 꽉 눌리는 기분이 든다. 내가 한 손으로 들어 올릴 수 있는 무게가 10킬로그램이라면, 11킬로만 되어도 훨씬 더 무겁게 느껴진다. 그래서 용기를 잃고 더욱 한계를 느낀다.

셋째, '고독감'이다. 우리는 어떤 한계에 이르면 고독감을 느낀다. 누군가 도와주었으면 좋겠는데, 어떻게든 자신이 혼자 한계를 넘어서야 한다는 생각이 들면 부쩍 고독감이 밀려오는 것이다.

"나는 못해."

"나 혼자서 이걸 어떻게 해."

"더 이상 나는 안 돼."

이런 생각이 드는 것이다. 그것은 실패했을 때도 마찬가지다. 우리가 아무리 더불어 살아도 자기의 행위는 그 원인과 결과를 자신이 책임지게 된다. 어떤 이유로든 실패했을 경우, 주위에 아무도 없고 자기 혼자라는 외로움을 느낄 수밖에 없다.

결론적으로 말하자면 칼 융이 지적한 이 같은 불안감, 억압 감정, 고독감을 극복하지 못하면 한계를 넘어설 수 없다는 것이다. 그렇다면 그러한 세 가지 심리 현상이 발생하는 원인은 어디에 있는가? 지적한 대로 어떤 '한계'에 있다. 그러면 또 그 '한계'의 기준은 무엇인가?

한계의 기준은 정해진 것이 아니다. 자기 자신이 만들고 느끼는 것이다. 따라서 사람마다 다르다. 자기가 자신의 한계, 즉 어떤 벽을 쌓는다. 그리하여 자기가 자기 앞을 가로막는다.

우리 먼 조상들은 두뇌와 도전으로 인류의 한계를 깼다. 우리는 그러한 조상들의 유전자를 몸에 지니고 있다. 얼마든지 자신이 설정한 한계를 넘어설 수 있다. 자신의 능력에 대해 부정적인 벽을 쌓지 말아야 한다. 벽을 세우고자 한다면 지금보다 훨씬 더 멀리, 아마득한 곳에 벽을 세워라. 자신의 한계는 자신의 마음가짐에 있다.

소설가 아놀드 베넷은 "진정한 비극의 주인공은 살면서 일생일대의 분투를 준비하지 않는 사람, 자기 능력을 발휘하지 않는 사람, 자신의 한계에 맞서지 않는 사람이다."라고 했다. 스스로 한계를 만들지 마라. 당신은 무한한 잠재 능력을 지니고 있다는 사실을 알라.

과감한 도전

어느 자손이 귀한 종갓집 며느리가 아들을 출산했다. 기쁨이 가득한 며느리가 아직 산후조리도 끝나지 않을 무렵, 황당한 광경을 목격했다. 아, 글쎄 시어머니가 태어난 지 얼마 안 된 자기 아들, 그러니까 손자에게 젖을 먹이고 있지 않은가. 시어머니는 말라버려 좀처럼 나오지 않는 젖을 먹이느라고 무척 애를 쓰고 있는 것이었다. 며느리는 너무 어처구니가 없어 그 날 밤, 남편에게 하소연했다.

"아, 글쎄, 어머니가 우리 아기에게 젖을 먹이더라고요. 내가 젖이 안 나오는 것도 아닌데, 노인네가 대체 무슨 짓이죠? 당신이 어머니가 젖을 먹이지 않도록 말씀 좀 해주세요."

하지만, 어머니에게 꼼짝 못하는 마마보이인 남편은 차마 어머니에게 말을 하지 못했다. 며느리는 너무 답답해서 인터넷에 하소연을 하려고 여기저기 뒤적거리다가 우연히 어떤 육아 상담 사이트를 찾게 되었다. 며느리는 기뻐서 카운슬러에게 사실을 올렸다. 그랬더니 당장 답신이 왔다.

"맛으로 승부하세요. ㅋㅋㅋ!"

사실 우리는 살아가면서 수없이 어떤 한계에 부딪친다. 아무리 노력을 해도 좀처럼 성과가 없을 때 한계를 느끼고, 어떤 일에 실패하고 나면 더욱 자신의 능력에 대한 한계를 느낀다. 또한 앞의 우스갯소리처럼 자신이 의도한 것과 전혀 다른 엉뚱한 결과가 나타날 때도 한계를 느낀다.

물론 어쩔 수 없는 한계는 있기 마련이다. 초등학생에게 대학생의 실력을 요구한다면 그것은 신동이나 가능한 일이다. 초등학생은 초등학생으로서의 한계가 있다. 앞을 못보는 시각 장애인에게 육상선수가 되라고 강요하는 것은 무리다. 저마다 나름대로의 어쩔 수 없는 한계가 있다.

그러나 충분히 극복할 수 있는 한계를 넘어서지 못하는 것이 문제가 되는 것이다. 앞서 설명한 대로 자기가 자신을 저평가하고 부정적인 마인드로 도전해 보지도 않고 '나는 할 수 없다'고 체념하는 것은 결코 바람직하지 못한 일이다.

운동선수들이야말로 그러한 자기 한계에 도전하는 사람들이다. 인류로서는 도저히 넘어서기 어려운 한계로 여겨지던 100미터 달리기, 10초의 벽도 벌써 넘어섰다. 그러고도 우샤인 볼트는 끊임없이 새로운 한계에 도전하고 있다.

1960년 로마올림픽 육상 3관왕(100m, 200m, 400m 계주)이었던 미국의 여자육상선수 윌마 루돌프, 펠레와 함께 브라질 축구의 전성기를 이끌었던 가

린사는 어렸을 때 소아마비의 역경을 이겨낸 인물들이다. 그들은 감히 상상조차 어려운 자신들의 한계를 극복했다.

자신의 한계를 넘어서는 것은 정신력에 달린 것이다. 긍정적인 마인드로 자신감을 갖고 자신이 느끼는 한계에 과감하게 도전해야 한다. 그리하여 자신이 쌓아놓은 벽을 깨뜨려라. 그러면 자신이 상상도 못했던 새로운 실력 발휘에 스스로 놀랄 것이다.

티핑 포인트를 찾아
한계의 벽을 뛰어넘어라

티핑 포인트

대부분 이런 경험이 있을 것이다. 물 컵에 물을 90%쯤 넣고서 나머지 10%를 조금씩 조심스럽게 채우는 경우 말이다. 가령 주전자로 물을 조금씩 채워 넣으며 컵에서 물이 넘치지 않게 물을 천천히 따르다 보면, 컵에 물이 가득차고 어느 한계에 이른다. 그 다음에는 물 한 방울만 더 떨어뜨려도 컵에서 물이 넘치고 만다. 불과 물 한 방울에 컵이 넘치는 것이다.

이 물 한 방울이 가져오는 엄청난 변화, 그것이 '티핑 포인트Tipping Point'이다. 티핑 포인트는 원래 물리학 용어이다. 99도의 물은 1도 차이가 나는 100도의 물과 완전히 다르다. 99도에서 1도만 올라가면 액체의 물이 기체 상태로 변화하기 시작한다. 이처럼 균형이 깨지는 극적인 변화의 시작점이 티핑 포인트이다. 티핑 포인트를 넘어서면 물질은 전혀 다른 상태로 변화한다.

티핑 포인트는 물리학에서 비롯되었지만 오늘날 사회 용어로 더 많이 쓰인다. 근래에 말콤 글래드웰이 쓴『티핑 포인트』라는 책이 세계적으로 선풍적인 인기를 얻으면서 이 용어는 더욱 널리 유행하고 있다. 작은 변화로 예기치 못한 일이 폭발적으로 일어나는 순간을 표현할 때 자주 쓰인다.

누구나 스스로 느끼는 자신의 한계점도 그렇다. 어떤 티핑 포인트만 찾아내면 그 한계의 벽을 뛰어 넘을 수 있다. 한 순간에 놀랄 만큼 자신을 변화시켜, 비약적으로 능력을 발휘하고 엄청난 잠재 능력을 찾아낼 수 있는 계기를 만들어야 한다. 부정적 마인드를 가진 사람도 그러한 계기만 찾아낸다면 한 순간에 긍정적 마인드로 바꿀 수 있다.

파탈破脫

우리가 일상을 잠시 벗어나는 것을 일탈이라고 한다. 일상에서 벗어나 도박이나 마약과 같이 쾌락을 좇는 일탈은 큰 문제가 되지만, 너무 틀에 박힌 생활에서 잠시 벗어나면 새로운 활력을 얻을 수 있다.

파탈은 일탈보다 좀 더 적극적인 행동이라고 할 수 있다. 쉽게 말하면 망가진다고 할까? 점잖은 연기자가 요란한 분장을 하고 코미디로 사람들을 웃길 때, 흔히 망가졌다고 한다. 좀 더 정확히 말하면 파탈은 파격적으로 관례나 격식에서 벗어나는 행동 또는 일정한 환경과 구속으로부터의 탈출을 의미한다. 자신이 정해 놓은 규범의 한계를 뛰어넘는 튀는 행동일 수도 있다. 나아가서 지금까지 없었던 창의적인 사고나 행동도 파탈이라고 할 수 있다. 파탈은 상대의 마음을 열게 하는 대인관계의 기술이며 자신을 새롭게 향상시키는 행위라고 할 수 있다.

무엇인가 자신이 한계에 부딪쳐 있다고 생각할 때, 앞이 벽에 가로막혀 더 이상 나아갈 수 없는 느낌이 들 때, 스스로 지금까지 자신이 고수해 온 규범이나 생활 질서에서 한번쯤 과감하게 벗어나 보면 새로운 생각을 할 수 있고,

남들도 지금까지 자신에게 가졌던 고정 관념에서 벗어나 새롭게 평가할 수도 있다. 파탈을 통해,

"어허, 당신에게 그런 면이 있었어? 난 정말 놀랐는걸."

그런 평가를 받는다면 자기 변화의 좋은 계기가 될 수 있다.

겁내지 마라

앞부분에서 두려움에 대해 자주 설명했다. 두려움을 느끼는 이유들은 여러 가지가 있지만 두려움의 대상은 몇 가지로 간추려 볼 수 있다. 가장 큰 대상은 보이지 않는 것에 대한 두려움이다. 어두운 밤길이 두렵듯이 미래에 대한 불확실성, 성공에 대한 불확실 등 자신이 기대하는 것들에 앞길이 어둡고 자신감이 없고, 가능성이 없어 보이면 두렵다.

이러한 보이지 않는 것에 대한 두려움은 어둠에 빛을 밝히면 어둠이 사라지듯, 불확실한 것들을 확실히 보여주면 된다. 마치 서치라이트처럼 자신의 미래를 확실하게 비춰주면 두려움이 사라지고 자신감이 생길 것이다. 그것은 무엇인가 자신 없고 미심쩍은 것에 확신을 갖게 해주면 된다. '나는 할 수 있다'는 확고한 신념은 자신이 얼마든지 만들어낼 수 있다.

자신의 앞길을 겁내지 말아야 한다. 눈보라가 몰아치는 밤길, 짙은 안개로 뒤덮인 길도 나는 무사히 목적지까지 갈 수 있다는 확신을 갖고 정신을 집중해서 안전 운전을 하면 무사하게 도착할 수 있다. 그런데 지레 겁을 먹고 당황하고 우왕좌왕한다면 점점 운전이 두려워진다. 자신이 하는 일에 확신과 자신감을 가지고 집중하라. 그러면 점점 성공으로 다가간다. 'Yes, I Can' 겁내지 마라.

다음은 후회에 대한 두려움이다. 후회에는 두 가지가 있다. 경험해 본 것에

대한 두려움과 경험하지 못한 것에 대한 두려움이다. 경험한 것에 대한 두려움은 머릿속에 생생하게 남아있기 마련이다. 어부가 폭풍우가 심한 날 어선을 타고 바다에 나갔다가 죽을 고비를 넘겼다면 다시는 그런 시행착오를 겪지 않을 것이다. 아니면 다음번에는 더욱 더 만반의 준비를 갖추고 나갈 것이다.

　그러나 경험하지 못한 것에 대한 두려움은 어쩔 수 없다. 미지의 세계, 낯선 것, 알지 못하는 것에 대한 두려움은 누구에게나 있기 마련이다. 그 벽, 그 한계를 넘어서는 방법은 경험을 해보는 수밖에 없다. 그것은 모험이고 도전이지만, 우리 인간에게는 도전 욕구가 있어 도전해서 성공하고 무엇인가 새로운 사실을 알아내면 그 보람과 희열을 크게 느낀다. 또한 그것의 개척자가 되고, 창조적인 인물이 된다. 큰 대가와 성공도 뒤따른다. 도전하는 사람만이 한계와 벽을 깨고 크나큰 성취감을 얻는다. 겁내지 말고 도전하라. 도전해야 새로운 것, 놀라운 것, 큰 것을 얻는다.

　다음은 실패에 대한 두려움이다. 사실 실패하면 어쩌나 하는 두려움은 누구에게나 있다. 그러나 실패해서 두려운 것이 아니라, 두려워하기 때문에 실패한다. 우리가 귀가 닳도록 들어온 격언 가운데 '실패는 성공의 어머니'라는 말이 있다. 실패를 경험하지 않으면 진정한 성공은 어렵다. 그래서 '성공의 요소'에는 실패도 포함된다고 한다. 바꿔 말하면 실패를 두려워하면 성공하지 못한다.

　그런데 실패가 두려워 소극적으로 되고, 자꾸 부정적인 마인드에 휩싸여 자신감을 잃으면 정말로 실패한다. 실패는 성공을 향해 가는 디딤돌, 징검다리라고 생각하라. 실패를 겁내지 않는 용기와 의욕과 자신감이 있다면 웬만한 실패쯤은 쉽게 극복한다. 실패를 겁내면 진짜 실패한다.

셀프 이미지와 자동 성공 메커니즘

셀프 이미지

앞에서 소개했던 미국의 맥스웰 몰츠Maxwell Maltz 박사는 성공과 자기 계발의 세계적인 권위자이다. 그는 성형외과 의사였는데 인생을 긍정적으로 변화시키려는 사람에게 필요한 것은 외모를 고치는 외과적 수술이 아니라 '정신적 성형 수술'이라고 했다.

그는 자신의 견해를 많은 사람들에게 알리기 위해 『성공의 법칙』이라는 책을 썼다. 이 책은 전 세계에서 무려 3천만 부가 팔렸다고 하며 자기 계발서의 원전으로 불리고 있다. 몰츠 박사는 성공을 가능하게 하는 내면의 두 가지 병기兵器에 대해서 말하고 있는데, 그것이 '셀프 이미지'와 '자동 성공 메커니즘'이다.

먼저 '셀프 이미지'self image를 살펴보자.

쉽게 말해서 셀프 이미지는 자신의 내면에 있는 정신적인 청사진이나 그림, 형상을 말한다. 즉 스스로 자신은 어떤 사람이라고 생각하는가 하는 것이다. 이를테면 어떤 사람은 자신을 단호하다고 생각할 것이고, 또 어떤 사람은 우유부단하고 나약한 이미지로 자신을 생각할 것이다. 그런데 중요한 것은 자신의 성공과 실패는 전적으로 자신의 셀프 이미지에 의해 좌우된다는 것이다.

자신의 생각과 감정, 말과 행동, 능력, 활동 등은 셀프 이미지와 정확히 일치한다는 것이다. 자신의 셀프 이미지에 없는 행동이나 생각, 성과는 이루기 힘들며, 셀프 이미지와 반대되는 행동은 어렵다고 지적한다. 설령 셀프 이미지와 다른 행동을 하더라도 얼마 가지 못하고 그야말로 작심삼일이 되고 만다는 것이다.

예를 들자면 자신이 수학에 소질이 없다고 생각하는 학생은 수학에서 좋은 성적을 얻을 수 없으며,

"나는 왜 하는 일마다 되는 일이 없지?"

하고 생각하는 사람은 정말 계속해서 좋지 않은 일만 일어난다는 얘기다. 그러면 셀프 이미지는 어떻게 만들어지는 것인가? 그것은 보편적으로 자신에 대한 다른 사람의 태도, 특히 어린 시절의 경험에 의해 무의식적으로 형성되는 경우가 많다. 따라서 긍정적인 셀프 이미지는 어릴 적에 심어주는 것이 중요하다. 학력을 위해 공부하는 것도 중요하지만, 긍정적인 셀프 이미지를 갖게 하는 것이 훨씬 중요한 교육이다.

그렇다면 어른이 된 후에는 긍정적인 셀프 이미지 형성이 어려울까? 반드시 그런 것은 아니다. 어릴 때부터 잘 형성되었다면 바랄 것이 없겠지만, 성인이 된 뒤에도 개선이 가능하다. 쉽게 말하면 열등감 극복이다. 열등감은 다른 사람들에 의해 만들어지는 것이 아니라 자기 자신이 만드는 것이다. 자기자신이 만들었으니 그것을 바꿀 사람도 자기밖에 없다. 열등감이 있다면 어

떡해서든지 그것에서 벗어나려고 적극적으로 노력해야 한다.

가장 손쉬운 방법으로는 성공한 사람들의 생애나 성공기 등을 되도록 많이 읽는 것이다. 그냥 소설책 읽듯 읽는 것이 아니라 정독을 하면서 철저하게 그 인물이 성공할 수 있었던 요인들을 분석하고 연구하는 것이다.

특히 그 가운데서 자신이 닮고 싶은 인물을 롤 모델로 정하고 그 인물에 관한 모든 자료들을 스크랩하는 것이 중요하다. 또한 그 인물의 성공한 결과에만 관심을 두지 말고 성공하기까지의 과정을 파악해야 한다. 어떤 생각을 했으며 어떻게 노력하고 행동했으며 어떤 말을 했는가 등을 살펴보며 우선 자신의 말투나 말버릇부터 고쳐나가야 한다.

열등감이 강한 사람은 말에 자신감이 없고 회의적이다. 성공한 사람은 대부분 그와 정반대이다. 자신감있는 말투, 확신에 찬 어조, 긍정적이고 낙관적인 말을 의도적으로라도 자주하면 차츰 열등감이 사라지는 것을 스스로 느낄 것이다.

자동 성공 메커니즘

그 다음 '자동 성공 메커니즘'automatic success mechanism이다. 생명을 지닌 모든 존재는 창조주가 부여한 자동 유도 장치를 가지고 있다는 것이다. 우리는 성공, 부, 행복, 창조 등에 관련된 문제가 생겼을 때, 그 문제를 자동적으로 해결할 수 있는 장치를 가지고 있다는 얘기다.

사실 우리는 자신이 불가능하다고 생각했던 일이 자기도 모르게 해결되는 경우가 있었을 것이다. 우리 두뇌와 신경 체제는 스스로 목표물을 추적하는 어뢰나 미사일처럼 목표지향적인 메커니즘을 가지고 있다. 열정적인 사람들은 이 메커니즘의 작동이 잘된다.

결국 우리가 부딪치는 모든 문제들은 다 해결할 수 있는 것이다. 다만 그 자동 유도 장치를 잘 작동시키느냐, 제대로 작동시키지 못하느냐에 달려 있을 뿐이다. 아무리 탁월한 무기, 최첨단의 무기를 지니고 있더라도 그것을 활용할 줄 모르면 무용지물에 불과하다. 우리는 그러한 병기를 지니고 있지만 그것을 제대로 활용하지 못하면 성공하기 어렵다.

가장 중요한 것이 뚜렷한 목표이다. 확실한 목표물이 있어야 자동 유도 장치를 작동시켜 그것을 맞출 미사일을 발사할 수 있을 것 아닌가? 뚜렷하고 구체적인 목표를 설정하고 그 목표를 효율적으로 관리해 나가며 목표 적중을 위한 동기 부여를 해야만 자동 유도 장치를 작동시킬 수 있다. 아울러 다음과 같은 원칙을 지켜나가라.

1. 목표를 설정하라. 모호한 것을 점점 명확하게 하라.
2. 자기 내부의 목표 지향적 자동 메커니즘이 원활하게 작동해서 마침내 목표를 적중시킬 것이라는 확신을 가져라.
3. 긴장을 풀어라. 실수를 두려워하면 아무것도 이룰 수가 없다.
4. 학습하라. 과거의 실수를 잊고 성공적인 반응만을 기억하라.
5. 실천하라. 성공을 확신할 때까지 행동을 멈추거나 뒤로 미루어서는 안 된다. 성공할 수 있을 것처럼 행동하라.

성공하기 위해서, 자신이 원하는 것을 얻기 위해서는 그만한 자신의 노력이 있어야 한다. 목표가 크면 클수록 더 많은 노력이 있어야 하는 것은 말할 필요도 없다. 감나무 밑에 가만히 앉아서 감이 떨어지기를 바라는 소극적 행동으로는 원하는 것을 얻을 수 없다. 나무 위에 올라가 감을 따야 한다. 그러한 열정과 적극성이 있어야 한다.

항상 상상력을 이용해야 한다. 상상력은 자신의 자동 메커니즘을 작동시키는 훌륭한 도구이다. 마침내 자신이 성공한 인물이 되었을 때, 자서전이나 성공기를 쓰듯 성공한 자신의 모습을 상상하며 성공하기까지의 과정, 자신의 말과 행동, 생각 등을 스토리로 미리 엮어보라.

그 다음 자기 자신에 대한 잘못된 믿음을 버려야 한다. 셀프 이미지와 관련된 얘기다. 말하자면 자신에 대한 그릇된 셀프 이미지를 고치라는 것이다.

"내 나이 사십이야. 이 나이에 내가 뭘 시작할 수 있겠어?"

"난 그럴 능력이 없어."

"그걸 내가 어떻게 할 수 있겠어?"

이런 생각이 자신에 대한 그릇된 셀프 이미지다.

그런 사람은 자신의 내부에 놀라운 병기인 자동 성공 메커니즘이 있다는 사실을 모르거나 사용을 포기하고 있는 셈이다. 그런 열등감이 있는 사람은 먼저 자기 자신에게 스스로 물어보라. '나는 왜 할 수 없다고 생각하는가' '나는 왜 스스로 성공할 수 없다고 생각하는가' 등을 자신에게 질문하고 그 답을 적어보라.

그런 다음, 하나씩 체크해 가면서 긍정적인 해결 방안들을 적어보라. 그 다음 어떤 목표를 설정하고 해결 방안들과 연결시켜 보라. 그러다 보면 자신의 내부에서 자동 성공 메커니즘에 시동이 걸리는 것을 차츰 느낄 것이다. 그 단계에서 중요한 것은 용기이다. 용기와 적극성이 없다면 그러한 생각들은 그야말로 탁상공론에 불과하다. 구체적인 실천 방안을 마련하고 그것을 실천에 옮기는 용기가 절대적으로 필요하다. 실패하는 가장 큰 요인 가운데 하나가 너무 결과에 집착하는 것이다.

가령, 부자가 되겠다는 목표를 가진 사람이 구체적인 실천은 하지 않으면서 수백억, 수천억을 생각하니까 엄두가 나지 않고 용기가 나지 않는 것이다.

현대그룹의 고 정주영 회장은 어떻게 우리나라에서 최고의 부자가 됐냐는 학생들의 질문에,

"한 걸음, 한 걸음 앞으로 나아가다보니 어느새 부자가 되었죠."

라고 대답했다. 세계 최초로 에베레스트 산을 정복한 뉴질랜드의 힐러리 경도,

"어떻게 세계 최고봉의 정상에 오를 수 있었습니까?"

"한 걸음, 한 걸음, 정상을 향해 걷다보니 정상에 오르게 됐습니다."

하고 대답했다. 그처럼 한 단계, 한 단계 실천해 나가야 자신이 원하는 결과를 얻을 수 있다.

마지막으로 성공과 행복은 정신적 습관이라는 것이다. 목표가 뚜렷한 사람은 결코 불행할 수 없다. 확실한 목표를 가졌다는 자체가 행복이다. 머릿속을 오직 자신의 목표로 채웠을 때, 저절로 자신감 넘치는 말과 자신 있는 행동을 하게 될 것이다.

다시 한 번 강조한다.

"말은 곧 생각이며 생각은 곧 말이다."

그렇다. 말은 자신의 생각에서 나오는 것이다. 화술은 자신이 어떤 생각을 하느냐에 가치가 달려 있다.

성공하려면
스피치에 목숨을 걸어라!

파워풀한 스피치를 구사할 수 있는 정리된 스피치 매뉴얼

이 책은 '어디에서' '무엇을' '어떻게' 말할 것인가에 대해 초점을 맞추고 있다. 특히 자신의 생각이나 주장을 잘 표현하기 위해 흥미 있게 말하는 법, 뜻있게 말하는 법, 유익하게 말하는 법, 논리적으로 말하는 법, 효과를 얻을 수 있게 말하는 법과 윤리적인 감각으로 말하는 법 등이 제시되어 있다. 동시에 언어적 커뮤니케이션 차원에서의 스피치 내용이나 전달 기술뿐 아니라 비언어적 커뮤니케이션 차원에서의 자세와 태도 그리고 표정 등에 대해서도 자세히 언급하고 있다. 이른바 이 책은 언제 어디서든 파워풀한 스피치를 구사할 수 있는 방법이 구체적인 사례와 함께 소개되어 있는 스피치 매뉴얼이다.

먼저 무엇을 말할 것인가?(What to say?)

말에는 의미와 재미가 담겨야 듣는다. 여기서 의미란 되새길 만한 콘텐츠, 즉 얻을 만한 유익한 내용이어야 한다는 것이다. 더불어 재미까지 있어야 상대를 끝까지 집중하게 할 수 있다. 그렇다면 어떻게 해야 의미와 재미있게 말할 수 있을까? 대답은 명확하다. 의미 있는 내용과 재미있는 소스를 담아야 한다는 사실이다.

어떻게 말할 것인가?(How to say?)

공감하는 스피치를 위해서는 어떻게 말해야 하는지를 보여주고 있다.

상대방에게 어떻게 보여지는가?(how to attitude?))

상대는 분명 거울처럼 내가 보여주는 만큼 볼 것이다. 세상이 복잡하고 바쁘기 때문에 특별하지 않으면 감추어진 이면을 보려하지는 않을 것이다. 웃으면 웃는 것이 보일 것이고 화를 내면 화내는 모습이 보여 질 것이다. 그렇다면 지금부터 내가 어떤 표정을 해야 하는지는 분명해진다.

Powerful Speech Manual 저자 윤치영 박사

■ 건국대학교 언론정보대학원 외래교수 웨스크민스터신학대학원대학교 스피치치료 연구교수
　한밭대학교 산업대학원, 호서대학교 경영대학원, 조선대학교, 배재대학교 외래교수
■ 화술-경영학 박사 (설파형, 표출형, 서술형, 논증형 - 스피치스타일 모형 구축)
■ 자기개발 및 동기부여, 스피치커뮤니케이션 컨설턴트로 활동
■ 윤치영스피치아카데미(www.uplife21.com)에서 말하며 깨닫고 배우는 SpeechHjoy(성인스피치리더십)강좌 운영
■ 윤치영스피치 동호회 - 행복한 성공을 향한 YoungsClub 운영 (http://cafe.daum.net/upspeech)
■ 대전대학교 외정원에서 파워스피치 전임교수, 무역통상학과에서 소호창업과 마케팅 강의
　한국생산성본부 지도 교수, 인천광역시 행정혁신 전문위원으로도 활동

본래 뜻을 찾아가는 우리말 나들이
알아두면 잘난 척하기 딱 좋은 **우리말 잡학사전**

'시치미를 떼다'고 하는데 도대체 시치미는 무슨 뜻? 우리가 흔히 쓰는 천둥벌거숭이, 조바심, 젬병, 쪽도 못 쓰다 등의 말은 어떻게 나온 말일까? 강강술래가 이순신 장군이 고안한 놀이에서 나온 말이고, 행주치마는 권율장군의 행주대첩에서 나온 말이라는데 그것이 사실일까?
이 책은 이처럼 우리말이면서도 우리가 몰랐던 우리말의 참뜻을 명쾌하게 밝힌 정보 사전이다. 일상생활에서 자주 쓰는 데 그 뜻을 잘 모르는 말, 어렴풋이 알고 있어 엉뚱한 데 갖다 붙이는 말, 알고 보면 굉장히 험한 뜻인데 아무렇지도 않게 여기는 말, 그 속뜻을 알고 나면 '아하'하고 무릎을 치게 되는 말 등 1,045개의 표제어를 가나다순으로 정리하여 본뜻과 바뀐 뜻을 밝히고 보기글을 실어 누구나 쉽게 읽고 활용할 수 있도록 하였다.

이재운 외 엮음 | 인문 · 교양 | 552쪽 | 28,000원

역사와 문화 상식의 지평을 넓혀주는 우리말 교양서
알아두면 잘난 척하기 딱 좋은 **우리말 어원사전**

이 책은 우리가 무심코 써왔던 말의 '기원'을 따져 그 의미를 헤아려본 '우리말 족보'와 같은 책이다. 한글과 한자어 그리고 토착화된 외래어를 우리말로 받아들여, 그 생성과 소멸의 과정을 추적해 밝힘으로써 올바른 언어관과 역사관을 갖추는 데 도움을 줄 뿐 아니라, 각각의 말이 타고난 생로병사의 길을 짚어봄으로써 당대 사회의 문화, 정치, 생활풍속 등을 폭넓게 이해할 수 있는 문화 교양서 구실을 톡톡히 하는 책이다.

이재운 외 엮음 | 인문 · 교양 | 552쪽 | 28,000원

우리의 생활문자인 한자어의 뜻을 바로 새기다
알아두면 잘난 척하기 딱 좋은 **우리 한자어사전**

《알아두면 잘난 척하기 딱 좋은 우리 한자어사전》은 한자어를 쉽게 이해하고 바르게 쓸 수 있도록 길잡이 구실을 하고자 기획한 책으로, 국립국어원이 조사한 자주 쓰는 우리말 6000개 어휘 중에서 고유명사와 순우리말을 뺀 한자어를 거의 담았다.

한자 자체는 단순한 뜻을 담고 있지만, 한자 두 개 세 개가 어울려 새로운 한자어가 되면 거기에는 인간의 삶과 역사와 철학과 사상이 담긴다. 이 책은 우리 조상들이 쓰던 한자어의 뜻을 제대로 새겨 더 뚜렷하게 드러냈으며, 한자가 생긴 원리부터 제시함으로써 누구나 쉽게 익히고 널리 활용할 수 있도록 했다.

이재운 외 엮음 | 인문 · 교양 | 728쪽 | 35,000원

영단어 하나로 역사, 문화, 상식의 바다를 항해한다
알아두면 잘난 척하기 딱 좋은 **영어잡학사전**

이 책은 영단어의 뿌리를 밝히고, 그 단어가 문화사적으로 어떻게 변모하고 파생 되었는지 친절하게 설명해주는 인문교양서이다. 단어의 뿌리는 물론이고 그 줄기와 가지, 어원 속에 숨겨진 에피소드까지 재미있고 다양한 정보를 제공함으로써 영어를 느끼고 생각할 수 있게 한다.

영단어의 유래와 함께 그 시대의 역사와 문화, 가치를 아울러 조명하고 있는 이 책은 일종의 잡학사전이기도 하다. 영단어를 키워드로 하여 신화의 탄생, 세상을 떠들썩 하게 했던 사건과 인물들, 그 역사적 배경과 의미 등 시대와 교감할 수 있는 온갖 지식들이 파노라마처럼 펼쳐진다.

김대웅 지음 | 인문 · 교양 | 452쪽 | 22,800원

신화와 성서 속으로 떠나는 영어 오디세이

알아두면 잘난 척하기 딱 좋은

신화와 성서에서 유래한 영어표현사전

그리스·로마 신화나 성서는 국민 베스트셀러라 할 정도로 모르는 사람이 없지만 일상생활에서 흔히 쓰이고 있는 말들이 신화나 성서에서 유래한 사실을 아는 사람은 많지 않다. '알아두면 잘난 척하기 딱 좋은 시리즈' 6번째 책인 《신화와 성서에서 유래한 영어표현사전》은 신화와 성서에서 유래한 영단어의 어원이 어떻게 변화되어 지금 우리 실생활에 어떻게 쓰이는지 알려준다.
읽다 보면 그리스·로마 신화와 성서의 알파와 오메가를 꿰뚫게 됨은 물론, 이들 신들의 세상에서 쓰인 언어가 인간의 세상에서 펄떡펄떡 살아 숨쉬고 있다는 사실에 신비감마저 든다.

김대웅 지음 | 인문·교양 | 320쪽 | 18,800원

흥미롭고 재미있는 이야기는 다 모았다

알아두면 잘난 척하기 딱 좋은 **설화와 기담사전**

판타지의 세계는 언제나 매력적이다. 시간과 공간의 경계도, 상상력의 경계도 없다. 판타지는 동서양을 가릴 것 없이 아득한 옛날부터 언제나 우리 곁에 있어왔다.
영원한 생명력을 자랑하는 신화와 전설의 주인공들, 한끗 차이로 신에서 괴물로 곤두박질한 불운의 존재들, '세상에 이런 일이?' 싶은 미스터리한 이야기, 그리고 우리들에게 너무도 친숙한(?) 염라대왕과 옥황상제까지, 시공간을 종횡무진하는 환상적인 이야기가 펼쳐진다.

이상화 지음 | 인문·교양 | 360쪽 | 19,800원

철학자들은 왜 삐딱하게 생각할까?

알아두면 잘난 척하기 딱 좋은 **철학잡학사전**

사람들은 철학을 심오한 학문으로 여긴다. 또 생소하고 난해한 용어가 많기 때문에 철학을 대단한 학문으로 생각하면서도 두렵고 어렵게 느낀다. 이 점이 이 책을 집필한 의도다. 이 책의 가장 큰 미덕은 각 주제별로 내용을 간결하면서도 재미있게 설명한 점이다. 이 책은 철학의 본질, 철학자의 숨겨진 에피소드, 유명한 철학적 명제, 철학자들이 남긴 명언, 여러 철학 유파, 철학 용어등을 망라한, 그야말로 '세상 철학의 모든 것'을 다루었다. 어느 장을 펼치든 간결하고 쉬운 문장으로 풀이한 다양한 철학 이야기가 독자에게 철학을 이해하는 기본 상식을 제공해준다. 아울러 철학은 우리 삶에 매우 가까이 있는 친근하고 실용적인 학문임을 알게 해준다.

왕잉(王穎) 지음 / 오혜원 옮김 | 인문·교양 | 324쪽 | 19,800원

인간과 사회를 바라보는 심박한 시선

알아두면 잘난 척하기 딱 좋은 **문화교양사전**

정보와 지식은 모자라면 불편하고 답답하지만 너무 넘쳐도 탈이다. 필요한 것을 골라내기도 힘들고, 넘치는 정보와 지식이 모두 유용한 것도 아니다. 어찌 보면 전혀 쓸모없는 허접스런 것들도 있고 정확성과 사실성이 모호한 것도 많다. 이 책은 독자들의 그러한 아쉬움을 조금이나마 해소시켜주고자 기획하였다.

최근 사회적으로 이슈가 되고 있는 갖가지 담론들과, 알아두면 유용하게 활용할 수 있는 현실적이고 실용적인 지식들을 중점적으로 담았다. 특히 누구나 알고 있을 교과서적 지식이나 일반상식 수준을 넘어서 꼭 알아둬야 할 만한 전문지식들을 구체적으로 자세하고 알기 쉽게 풀이했다.

김대웅 엮음 | 인문·교양 | 448쪽 | 22,800원

옛사람들의 생활사를 모두 담았다

알아두면 잘난 척하기 딱 좋은 **우리 역사문화사전**

'역사란 현재를 비추는 거울이자 앞으로 되풀이될 시간의 기록'이라고 할 수 있다. 그런 면에서 이 책 《알아두면 잘난 척하기 딱 좋은 우리 역사문화사전》은 그에 부합하는 책이다.

역사는 과거에 살던 수많은 사람의 삶이 모여서 이루어진 것이고, 현대인의 삶 또한 관점과 시각이 다를 뿐 또 다른 역사가 된다. 이 책은 시간에 구애받지 않고 흥미와 재미를 불러일으킬 수 있는 주제로 일관하면서, 차근차근 옛사람들의 삶의 현장을 조명하고 있다. 그 발자취를 따라가면서 역사의 표면과 이면을 들여다보는 재미가 쏠쏠하다.

민병덕 지음 | 인문 · 교양 | 516쪽 | 28,000원

엉뚱한 실수와 기발한 상상이 창조해낸 인류의 유산

알아두면 잘난 척하기 딱 좋은 **최초의 것들**

우리는 무심코 입고 먹고 쉬면서, 지금 우리가 누리는 그 모든 것이 어떠한 발전 과정을 거쳐 지금의 안락하고 편안한 방식으로 정착되었는지 잘 알지 못한다. 하지만 세상은 우리가 미처 생각지도 못한 사이에 끊임없이 기발한 상상과 엉뚱한 실수로 탄생한 그 무엇이 인류의 삶을 바꿔왔다.

이 책은 '최초'를 중심으로 그 역사적 맥락을 설명하는 데 주안점을 두었다. 아울러 오늘날 인류가 누리고 있는 온갖 것들은 과연 언제 어디서 어떻게 시작되었는지, 그것들은 어떤 경로로 전파되었는지, 세상의 온갖 것들 중 인간의 삶을 바꿔놓은 의식주에 얽힌 문화를 조명하면서 그에 부합하는 250여 개의 도판을 제공해 읽는 재미와 보는 재미를 더했다.

김대웅 지음 | 인문 · 교양 | 552쪽 | 28,000원

그리스·로마 시대 명언들을 이 한 권에 다 모았다

알아두면 잘난 척하기 딱 좋은 **라틴어 격언집**

그리스·로마 시대의 격언은 당대 집단지성의 핵심이자 시대를 초월한 지혜다. 그 격언들은 때로는 비수와 같은 날카로움으로, 때로는 미소를 자아내는 풍자로 현재 우리의 삶과 사유에 여전히 유효하다.

이 책은 '암흑의 시대(?)'로 일컬어지는 중세에 베스트셀러였던 에라스뮈스의 《아다지아(Adagia)》를 근간으로 한다. 그리스·로마 시대의 철학자, 시인, 극작가, 정치가, 종교인 등의 주옥같은 명언들에 해박한 해설을 덧붙였으며 복잡한 현대사회를 헤쳐나가는 데 지표로 삼을 만한 글들로 가득하다.

데시데리위스 에라스뮈스 원작 | 김대웅 · 임경민 옮김 | 인문 · 교양 | 352쪽 | 19,800원

DNA와 뇌에 새겨진 암호를 해독하는 인간탐구서

알아두면 잘난 척하기 딱 좋은 **인간 딜레마의 모든 것**

모든 생물은 멸종에 이른다. 자연에는 잘못된 진화도 없고 잘된 진화도 없다. 다만 특정 시기에 성공을 거둔, 그러나 언젠가는 사라질 생물 종이 존재할 뿐이다. 삶의 목적이나 의미 같은 것은 인간의 작품이다. 이 책은 인간이 지구상에 존재하기 시작한 이래 지금까지 진화를 거듭하면서 선택과 그에 따른 행동이 어떻게 인간의 DNA와 뇌에 각인되었는지, 그것은 또 어떻게 환경과 조응하면서 문화를 발전시켰는지 그 암호를 다양한 관점에서 풀어본다.

이용범 지음 | 인문 · 교양 | 464쪽 | 22,800원

따뜻한 말로 마음을 움직이는 공감 대화

마음을 움직이는 **따뜻한 대화법**